프랑스 아이는
말보다 그림을
먼저 배운다

생각하는 아이를 만드는 프랑스 교육의 비밀

프랑스 아이는 말보다 그림을 먼저 배운다

신유미 · 시도니 벤칙 지음

프롤로그

내 아이의 창의력,
어떻게 깨울까?

2010년 결혼과 함께 바로 아이를 갖게 되어 이제 육아 경력 3년 6개월의 두 아이 엄마다. 첫아이를 낳고 직접 아이를 키우겠다는 큰 결심을 하고 과감히 회사를 그만두면서 새로운 삶이 시작되었다. 10여 년간의 마케터 생활을 마감하며 아이와 함께할 수 있는 일을 하고 싶었다. 그때 우연히 만나게 된 쥬트ZUT. 쥬트는 아이의 그림으로 여러 가지 활동을 하는 프랑스의 프리미엄 아트 브랜드다. 아이를 키우는 엄마이기에 아이의 상상력과 표현에서 출발하는 쥬트의 가치에 빠져들 수밖에 없었다. 이어 딸아이와 나란히 앉아 도란도란 이야기를 나누며 예쁜 패브릭과 그림에 둘러싸여 일하는 모습을 상상했고 그 상상 속 모습이 내 마음을 움직였다. 그대로 있을 수 없었다. 나는 곧장 쥬트 본사로 한국의 아이들과 이 멋진 작업을 하고 싶다는 내용의 이메일을 보냈고, 얼마 후 프랑스에서 반가운 연락이 왔다. 나와 남편은 두 돌도 지나지 않은 딸

아이와 함께 프랑스 릴Lille로 향했다. 한국 아이들과의 작업에 대해 또 쥬트의 가치와 본질에 대해 이야기를 나누기 위해서였다.
 프랑스에서 만난 아이들은 모두 뛰어난 아티스트였고 그 뒤에는 훌륭한 후원가인 프랑스 사회와 학교 그리고 부모님이 있었다. 뿐만 아니라 눈을 돌리는 곳마다 보이는 아름다운 건축물과 예쁜 가게 등 모든 것이 프랑스 아이들과 프랑스 사람들의 미적 감각을 위해 존재하는 듯했다. 대도시건 소도시건 어디서나 쉽게 접할 수 있는 미술관과 전시회, 공연이 가득했다.

 프랑스 아이들이 가진 특유의 감성은 어디서 나오는 걸까?
 그들은 어떤 책을 보고 어떻게 생활할까?
 그들은 개성 있는 감성을 어떻게 표현할까?

 프랑스에서 시간이 지날수록 궁금증은 늘어갔고 어떻게 하면 우리 아이도 따뜻한 감성과 풍요로운 창의력을 갖게 해줄 수 있을까 하는 고민을 하며 한국으로 돌아왔다. 이후 상상 속에 있던 딸아이와 내 모습이 실제 삶이 되었다.

지금은 서울 프랑스학교 등 외국인 교육기관과, 반얀 트리 클럽 앤 스파 키즈클럽 등에서 쥬트 클래스를 운영하고 있다. 프랑스 본사와의 공동 프로젝트를 통해 프랑스 학교, 유아학교에서도 클래스를 진행한다. 또한 쥬트의 시도니 벤칙을 만나 육아와 프랑스 문화에 대해 다양한 이야기를 나누고, 클래스를 통해 많은 아이들을 만나고 있다.

그러던 중 한 가지 공통점을 발견했다. 5~6세의 한국 여자 아이들은 그림을 그리라고 하면 대부분 공주를 그린다는 사실이다. 그리고 심지어 그 공주들은 서로 닮아 있었다. 그에 반해 프랑스 여자아이들은 공주뿐만 아니라 동물, 사람 등 여러 가지를 그리고 또 다양하게 표현한다.

이런 차이는 어디에서 오는 걸까?

프랑스 아이들 살펴보기

그래서 다시 프랑스로 날아갔다. 이번에는 벌써 네 살이 된 딸 수리와 배 속의 7개월 된 아기가 함께했다. 프랑스 아이들은 말과 셈을 배우기 전에 그림부터 배운다. 프랑스에서는 어떤 방식으로 아이의 그림 교육이 이루어지고 있을까? 이때 부모는 아이 곁에서 어떤 역할을 할까? 또 유치원 같은 교육기관에서는 미술 외의 다른 교육을 어떻게 실시하고 있을까? 프랑스에 머무는 동안 나는 주변 지인의 소개로 몇몇 프랑스 교육기관과 현지 가정을 방문해 그들의 일상을 살펴보았다.

2세 아이들이 생활하는 어린이집, 4~7세 아이들이 다니는 프랑스 유아학교에서 아이들, 선생님과 함께 생활하며, 한국 엄마의 관점에서 궁금한 것들에 대해 질문하고, 또 신기해하기도 하면서 소중한 시간을 보냈다.

다양한 가정도 만났다. 프랑스인 엄마와 아빠로 이루어진 가정, 한국인 엄마와 프랑스인 아빠로 이루어진 가정, 또 한국에서 생활하는 프랑스인 가정도 있었다. 인터뷰를 하러 간다고 하면 평소와 달리 청소도 완벽히 하고, 화장도 예쁘게 하고 가장 좋은 모습을 보여주기 위해 준비할 거라고 생각했는데 그 예상은 완전히 빗나갔다. 모두가 소탈하고 자연스러운 모습으로 인터뷰에 응했기 때문이다. 그 자연스러움과 진솔함이 이 책의 취지에 걸맞았고, 자연스러운 프랑스 가족들이 더 편안하게 느껴졌다.

그런데 막상 이런 다양한 만남을 통해 알게 된 수많은 이야기들을 한 권으로 담아내려니 조금은 걱정도 됐다. 이 책은 평범한 한국 엄마가 보고 느낀 프랑스 사회와 가정의 교육 이야기다. 그리고 우리 가정에서도 적용해봄직한 어렵지 않은 이야기다. 편하게 읽어 내려가며 모든 엄마들의 가장 큰 고민인 '어떻게 하면 우리 아이를 스스로 생각하는 아이로 자라게 할 수 있을까?'에 대한 해답을 찾길 바란다.

책을 준비하며 만나고, 알게 된 모든 분들께 깊은 감사를 드린다. 또한 이렇게 의미 있고 소중한 작업을 할 수 있게 도와준 남편과 딸 수리, 그리고 건강하게 태어나준 수하에게 사랑하고 고맙다고 전하고 싶다. 함께 열심히 준비해준 프랑스의 시도니와, 이런 좋은 기회를 제안해주신 출판사, 그리고 이렇게 책을 통해 저를 만나주고 계신 여러분께도 모두 감사드린다.

신유미

매일 새로운 세계를
만나는 즐거움

　　　　　　　　나에겐 두 딸, 열세 살 레일라와 열 살 탈리가 있다. 난 항상 두 딸들의 그림에 감동했고, 그 그림에서 눈을 뗀 적이 없다. 레일라가 18개월 정도 되었을 때 처음 사인펜으로 낙서를 했다. 레일라도 자신의 첫 번째 낙서가 마음에 들었는지 나에게 가져와 보여주었다. 그때 나를 바라보던 레일라의 눈빛을 잊을 수 없다. 그 이후로 나는 아이들의 어릴 적 그림을 벽장의 종이상자들 안에 가득 보관하고 있다. 유아학교에서, 학교에서, 집에서 그린 그림들과 만든 작품들은 나의 보물이자 아이들의 추억이기 때문이다.

　　　　나는 거실 작은 책상 위에 그림을 그리고, 자르고, 붙이기 위한 모든 것들과, 색색의 크레용, 펜, 분필, 그리고 모든 종류의 종이 등 다양한 재료를 놓고, 딸들이 그림을 그리고 싶거나 뭔가를 만들고 싶을 때 자유롭게 사용하게 했다. 그러자 정말 아이들은 그림을 그리고, 작은 수첩을 만들고, 짧은 이야기를 짓고, 인물들을 창조했다.

프랑스 유아학교 선생님들은 노트를 정해 아이들이 자유롭게 그림을 그릴 수 있도록 한다. 그래서 나도 바캉스 노트를 만들어 가족 여행 기간에 겪은 일과 관찰한 자연에 대해 아이들과 함께 기록했다. 그림은 아이들의 몫이었다. 아이들의 그림과 만들기에 대한 나의 관심은 딸들에게 긍정적인 효과를 주었다. 그리고 나의 일에도 영향을 미쳤다. 하루는 내가 특히 좋아하는 레일라의 그림으로 인형을 만들어주었는데 아이가 무척 좋아했다. 그리고 주변 사람들 모두 멋지다고 이야기해주었다. 이 작은 인형은 나의 새로운 일의 시작이 되었다.

이후로 나는 아이들의 그림을 세상에 하나뿐인 인형, 쿠션 등으로 만드는 일을 하게 되었다. 또 아이들과 함께 패브릭을 활용한 아틀리에를 기획하고 운영하고 있다. 아이들과 함께하는 작업은 정말 행복한 일이다. 매일 새로운 세계를 만나고 새로운 이야기를 들을 수 있기 때문이다.

2년 전 유미가 프랑스로 쥬트를 찾아왔다. 그리고 함께 일하게 되었다. 우리는 인형을 만들고 아이들과 함께하는 아틀리에 기획 외에도 각 나라 아이들의 성향과 특징에 대해 많은 이야기를 나누고 있다. 그러던 중 아이들의 그림과 그 속에 담긴 힘에 대해 책으로 펴낼 기회를 얻었다. 이 책을 통해 아이들의 창의력을 깨워주는 방법과 엄마들 스스로 더 창의적인 사람이 되는 방법, 이를 통해 삶을 생기 있게 살아나가는 방법을 공유하고 싶다.

시도니 벤칙

프롤로그 · 4

Chapter 1
프랑스 아이는 말보다 그림을 먼저 배운다

엄마들의 화두, 오감이 뭐기에 한국 엄마 · 16
미술을 매개로 시작하는 프랑스 교육 프랑스 엄마 · 30
아이의 첫 번째 낙서가 중요한 이유 18~36개월 · 40
아이들은 모두 예술가 3~6세 · 63
부모는 창의력 발달의 가장 큰 조력자 · 72
레스토랑에서 그림을 그리는 아이들 · 80
아이의 그림과 성적을 평가하지 않는 문화 · 89
나만의 인형 '몽두두' 만들기 프로젝트 · 106

Chapter 2
프랑스 부모와 아이들의 따뜻한 교감

13년째 한국에 살고 있는 프랑스 가정 올리비에 가족 · 114
직접 느끼고 생각하기 자비에 가족 · 122
일상이 창의성의 놀이터 헤미 가족 · 136
온 집 안이 화실 로익 가족 · 148
음악과 미술의 아름다운 만남 기욤 가족 · 158
미술놀이로 서로 더 알아가기 올리비에 가족 · 172

Chapter 3

프랑스 가족들이 소개해준 함께하는 미술놀이

우리 가족은 어떤 모습일까? 반질반질 조약돌 가족 · 182
따뜻한 패브릭으로 마음을 전해요 설렘 가득 생일 초대장 · 186
너는 나에게 정말 특별해 하나뿐인 초상화 · 190
손꼽아 기다리며 만들어요 반짝반짝 크리스마스 달력 · 194
귀여운 친구들 모두 모여봐 손가락 마리오네트 · 198
소중한 순간을 담아요 알록달록 종이 액자 · 202
따로 또 같이 만들어요 마법 그림 · 206
감사와 사랑을 담아요 컬러풀 열쇠고리 · 210
우리 집에 멋진 작품을 전시해요 빈티지 프레임 아트 · 214
나도 엄마처럼 예뻐질래요 꼬마 숙녀 클러치백 · 218
패션 디자이너가 되어볼까? 상큼한 과일 스탬프 티셔츠 · 222
오븐에 넣으면 작아져요 신기한 플라스틱 장식품 · 226
내 맘대로 만들어요 오밀조밀 밀가루 장난감 · 230

부록 프랑스의 미술교육을 체험할 수 있는 파리의 아틀리에 · 234
에필로그 · 238

Chapter 1

프랑스 아이는
말보다 그림을
먼저 배운다

Les enfants français apprennent
à dessiner avant de parler

엄마들의 화두, 오감이 뭐기에

한국 엄마

'오감'은 아기가 세상에 태어나서 외부의 정보를 얻을 때 필요한 안테나와 같다. 아이들은 듣고 보고 만지고 탐색하면서 정보를 축적해 나간다. 이 체험이 유아기 때 중요한 이유는 장차 자라날 아이의 표현력을 결정하는 데 큰 역할을 하기 때문이다. 요즘 강조하는 '콘텐츠가 쌓이는 과정'인 것이다.

이런 '오감'을 자극하기 위해 나 역시 대부분의 한국 엄마들처럼 촉각과 시각을 자극하는 팝업북과 전집에 관심을 기울였다. 그리고 돌쯤 돼서는 아이와 함께 문화센터 강좌에도 참여했다. 그러나 총 열두 번 강의 중 참석한 건 겨우 절반 정도. 아이의 낮잠 시간과 맞지 않아 빠진 적도 있고, 또 도착했는데 잠이 든 아이 때문에 문 앞에서 되돌아온 적도 있다.

아이는 태어날 당시 4kg이었고, 돌 즈음엔 거의 14kg까지 나가는 우량아였다. 그런 아이를 데리고 외출복을 입히고, 아기띠로 메고, 기저귀랑 물, 간식, 물티슈 등등을 챙겨 문화센터에 다녀오면 진이 다 빠지기 일쑤였다. 막상 집에 돌아오면 오감 자극 수업은 그걸로 끝이었고 그 이상의 놀이로 이어지지 못했다. 이제 와 돌이켜보면 아이를 위해서라기보다 아이에게 뭔가 해줬다는 자기 위안을 얻기 위해서였던 듯하다.

자극을 통해 오감을 발달시키는 것은 특히 영·유아 시기에 매우 중요한데, 이는 특정 교육으로 이뤄지는 게 아니라 자연스러운 생활에서 이루어진다. 소리, 냄새, 빛, 언어, 촉감 등의 접촉과 체험으로 오감은 발달하며, 아이들은 이렇게 쌓인 오감을 통해 표현이 자유로워지고 다양한 잠재력을 갖추게 된다. 문제는 이 오감을 통해 생긴 아이의 잠재력이 자유롭게 표출되려면 첫 물꼬를 잘 터줘야 한다는 것이나. 아이의 자유로운 표출 방식은 엄마, 아빠의 반응에 따라 지속될 수도, 멈출 수도 있다. 창의적이고 유니크한 표현에 대해 다른 아이와 다르다고 창피해하는 부모의 아이와, 오히려 격려하고 칭찬해주는 부모의 아이는 성장하면서 점차 확연한 차이를 나타낸다.

한국 사람들은 트렌드에 굉장히 민감하다. 몇 해 전부터 유행하기 시작한 프랑스 프리미엄 패딩은 전직 대통령 손녀가 입어 더 유명해지기도 했다. 올해도 어김없이 교복을 입은 듯 검은색 패딩 차림의 사람들이 눈에 많이 띈다. 외국에서는 보기 드문 광경인 한국의 '쏠림 현상'은 자기의 소득 수준과 일정 사회적 계층에의 소속감, 사회적 신분을 드러내려는 상징적인 모습 중 하나라고 한다.

이러한 '쏠림 현상'은 아기 때부터 시작된다. 아이들은 '국민'이라는 수식어를 단 장난감, 육아용품에서부터 TV를 통해 접하는 애니메이션까지 거의 동일한 물건과 콘텐츠를 수용하고, 비슷한 자극을 받으며 성장한다.

현실이 이럴수록 부모의 육아방식은 아이에게 중요해진다. 부모가 어떻게 아이를 키우느냐에 따라 창의적이고 특별한 아이가 될 수도 있고, 무난하고 평범한 아이가 될 수도 있다. 지금까지의 우리네 양육 방식과 교육 방식은 남들 하는 대로 좇아가기 바빴다.

아이가 창의적이고 다양한 표현력을 갖길 원한다면 우리 부모 역시 깨어 있는 다양한 시각을 가져야 한다.

이 책을 준비하면서 만난 프랑스 엄마들과 나의 사업 파트너 시도니는 우리와는 조금 달랐다. 집 안에서 아이들과 보내는 대부분의 시간 자체가 놀이였다. '예술' 하면 떠오르는 나라, 프랑스의 엄마들은 아이들의 오감 발달을 위해 무엇을 하고 있을까?

하나, 내버려두기

　　생후 6개월 정도부터 아기들은 손으로 물건을 잡고 그것을 입으로 가져간다. 입에 넣다 빼다를 반복하고, 혀로 맛도 보고 빨아도 본다. 이런 행동을 통해 아기는 스스로 감각을 발달시키고 새로운 것에 대해 탐색한다.

　　왜 하필 입일까? 아기들은 아직 손의 감각이 발달되지 않았기 때문이다. 그래서 조금 더 민감한 입으로 그 물건이 무엇인지, 어떤 느낌인지 느껴보려는 것이다. 이런 과정을 통해 아기는 냄새도 맡고, 또 손으로 흔들어도 본다. 아기들에게는 세상에 태어나 처음 만난 사물을 경험해보는 아주 흥미로운 순간이자 재미있는 시간이다.

　　하지만 대부분의 한국 엄마들은 아기가 물건을 입으로 가져가면 바로 빼앗곤 한다. 그러면서 한숨을 쉬거나 자꾸 아이가 입에 뭘 넣는다고 한탄도 하고, 심한 경우 아이에게 "지지" 하면서 입에 넣지 못하게도 한다. 하지만 아이가 뭔가를 입에 넣었을 때 그것이 목 안으로 넘어갈 만한 크기나 제형이 아니라면, 즉 위험하지 않은 물건이라면 그냥 그대로 두는 것이 좋다. 아기 스스로 감각을 발달, 자극시키며 주변을 탐색하는 놀이를 하는 중이기 때문이다.

　　애리조나 소재 아동두뇌발달연구소의 공동 설립자인 심

리학과 교수 질 스탬Jill Stam은 "아기에게는 모든 것이 새롭다. 그리고 아기는 그것을 알고자 한다. 먹을 수 있는 것인지, 이용할 수 있는 것인지, 그리고 위험한 것인지 등의 정보를 얻기 위해 두뇌의 요구를 수행하는 과정 중 하나로 모든 것을 입으로 가져가는 것이다"라고 말했다. 즉, 엄마는 안전한 환경을 마련해 주고 한 발짝 물러나 아이가 스스로 감각을 자극하고 발달시키는 것을 지켜볼 필요가 있다.

둘, 시간 정하지 않기

가정에서의 오감 자극은 일상적이고, 자주 그리고 쉽게 일어나야 한다. 그때 전제되어야 할 것이 바로 시간을 넉넉히 갖는 것이다. 아이와 그림을 그리거나 뭔가를 만든다고 가정해보자. 우리는 무엇부터 시작할까? 대부분의 엄마들은 재료 준비를 가장 우선으로 꼽는다. 그리고 "자~ 이제 우리 뭐할까?"라고 제안하며 활동을 시작한다. 하지만 이보다 더 좋은 방법은 아이가 원할 때 쉽게 시작하고 마치고를 반복할 수 있도록 환경을 만들어주는 것이다.

아이 손이 쉽게 닿을 수 있는 거실 한구석 또는 주방 한편에 여러 재료를 배치해 아이가 원할 때 언제든지 바로 오감 자극 놀이를 시작할 수 있도록 하자. 또 아이가 그만하고 싶을 때 마칠 수 있게 하자. 여기서 시간을 정하지 않는다는 것은 활동의 끝과 시작을 엄마가 임의로 정하지 말라는 의미다.

    나는 아이를 위해 작은 책상에 여러 펜과 A4 용지, 스카치테이프를 마련해주었다. 그리고 자유롭게 사용할 수 있도록 했다. 아이는 같이 놀이를 하지 않을 때도 혼자 그림을 그리고, 종이로 비행기, 칼, 꽃, 왕관, 게임기 등 여러 가지를 만들어내곤 한다. A4 용지로 이렇게 여러 가지를 만들어내리라고는 생각도 못했는데 말이다.

셋, 체험하기

    '체험하기'는 어떤 특별한 프로그램에 참여하는 것을 이야기하는 것이 아니다. 오히려 일상 속에서 함께할 수 있는 것들을 찾아 경험하게 하는 것이 중요하다.

    예를 들어, 식사를 준비할 때도 요리 재료를 만지거나 접시를 직접 테이블 위에 놓도록 해보자. 아이가 도자기, 유리 그릇을 깰까 두렵다고 플라스틱 그릇만 접하게 하는 것은 그리 좋은 방법이 아니다. 깨지는 물건에 대한 촉감과 느낌, 음식 재료마다 가지고 있는 고유의 향과 질감 등의 특성에 대해 느끼고 이해할 수 있어야 적절한 활용을 이끌어낼 수 있기 때문이다. 함께 산책을 할 때도 아이에게 계절감을 느낄 수 있도록 자연을 살펴보고 만져보게 하면서 대화를 나누는 것이 좋다.

일상생활 속에서 아이에게 가족의 구성원 가족의 대칭, 최고 권력자로 인정하라는 것이 아니다.으로서 함께 가족을 이루고 있다는 것을 알려주고 체험하게 하는 부모의 태도에 따라 아이들의 오감이 발달된다.

요즘은 아기가 태어나는 동시에 바로 소비자가 된다. 육아용품은 물론이고, 장난감 등을 모두 사야만 한다. 아이가 직접 장난감을 만들어 가지고 놀거나 부모가 아이와 함께 인형을 만드는 모습은 찾아보기 힘들다. 누가 봐도 어디 브랜드인지 금방 알 수 있는 고가의 장난감과 인형을 사줘야 좋은 엄마라고 생각하기 때문이다.

하지만 아이와 함께 무언가를 만드는 일은 비싼 장난감 하나 사서 건네주는 것과는 비교할 수 없는 놀이이자 체험이다. 어떤 과정으로 만들어지고 또 아이디어가 어떻게 실현될 수 있는지에 대한 경험을 직접 한다는 것은 아이에게도 엄마에게도 새로운 일이다.

이 세 가지 중 한국 엄마들이 가장 힘들어하는 것은 무엇일까? 아마도 첫 번째 규칙인 '내버려두기'가 아닐까? 엄마들은 흔히 평범한 하루하루에 대해 불안해한다. 혹시 뭔가 놓치고 있지는 않은지, 엄마로서 역할을 못하고 있는 건 아닌지 걱정되는 것이다. 왠지 그냥 내버려두면 우리 아이가 뒤처질지도 모른다거나 중요한 무언가를 놓칠까 싶은 생각도 든다.

 나도 한때 그런 불안을 느꼈다. 아이가 태어나자마자 부기도 빠지지 않은 몸을 이끌고 우리나라에서 가장 좋다는 기관에 대기하러 가기도 했다. 아이에게 최고의 것만 주고 싶은 마음에, 또 좋은 엄마로서의 역할에 충실하기 위해 적잖은 육아 스트레스를 받았다. '엄마인 내가 아이에게 최고의 환경을 제공해야 한다'는 일종의 강박관념에 사로잡혀 있었던 것이다. 그런 이유로 끊임없이 스스로에게 혹시 놓치고 있는 것은 없는지 경각심을 일깨우고, 더 좋은 정보를 얻고자 노심초사했다. 하지만 그럴수록 아이와 사소한 행복을 느끼기보다 긴장하고 걱정하는 일이 많아졌다.

 그러던 어느 날, 프랑스 엄마들과 그 가족들의 삶 속에서 배운 대로 한 발짝 물러서서 아이의 평범한 하루를 여유롭게 지켜보았다. 가만 아이를 관찰해보니 내가 걱정했던 것과 달리 아이는 매 순간 스스로 탐색하며 자연스럽게 오감 자극을 받고 있었다. 평범해 보이는 하루 속에서 아이 스스로 성장하고 있었던 것이다. 그런 아이의 하루를 보고 나니 한결 마음이 편하고 그 순간을 즐길 수 있게 되었다.

수리(40개월)의 하루

수리가 한 일	시각	청각	후각	미각	촉각
아침에 일어나 음악을 들으며 발레 동작을 흉내 낸다.	○	○			
어린이집 가는 길에 낙엽과 돌멩이를 줍는다.	○				○
집으로 돌아와 색종이를 자르고 접어 꽃을 만들고, 그림을 그린다. 색종이 꽃잎에도 냄새가 난다며 냄새를 맡아본다.	○		○		○
화분에 물을 주고 꽃향기를 맡으며 잎도 만져본다.			○		○
간식으로 젤리를 먹는다.				○	
점토로 아이스크림을 만든다.					○
저녁을 먹고 후식으로 과일을 먹는다.				○	

이런 평범한 하루하루를 특별하게 만들기 위해 프랑스 엄마들은 카이에 드 바캉스 Cahier de Vacance 바캉스 노트를 활용한다. 카이에 드 바캉스에는 아이와 함께 느끼고 경험한 것들, 수집한 물건과 그에 대한 정보 등을 기록한다. 어린이집이나 유치원 교사가 적어준 메모도 함께 담아 아이만의 소중한 추억이 쌓일 수 있도록 한다.

가족과 발견하고 공유한 순간들의 흔적을 간직하기 위해 여행지의 사진이나 관광지 입장권 등을 잘라 붙인다. 여행지에서 먹은 사탕껍질을 스카치테이프로 붙이고, 인상적인 장면이나 마음에 드는 것을 그림으로 남기기도 한다.

엄마가 준비하는 오감 발달 놀이 방법

시각

1. 명화나 유명 작가의 그림을 같이 보고 빛, 컬러, 형태, 입체감에 대해 자연스럽게 이야기한다. 작가 이름이나 제목보다 더 중요한 것이 아이와 함께 보고 느끼는 것이다.
2. 잡지에서 컬러별로 사진이나 그림 등을 오려낸다. 도화지에 옅은 색에서 짙은 색 순서(예를 들어, 노랑-연두-초록-진초록)로 붙인다.
3. 노을, 하늘, 구름을 보며 시간과 계절의 흐름을 느낀다.

청각

1. 아무 소리도 들려주지 않고 주변의 소리에 귀 기울이도록 한다. 멀리서 무슨 소리가 나는지 듣고 이야기한다.
2. 연필, 나무젓가락 등으로 주변의 물건들을 두드려본다.
3. 신나게 전속력으로 뛰어보고 심장 소리에 귀 기울여본다.

후각

1. 현대인에게 가장 발달되지 않았지만 기억을 불러일으키기 가장 쉬운 감각으로 생활 속에서 쉽게 접할 수 있는 커피, 초콜릿, 꽃, 향초 등의 냄새를 맡고 어떤 느낌인지 이야기한다.
2. 요리 중에 어떤 냄새가 나는지 이야기한다.

3. 동물(강아지, 뱀, 달팽이, 돌고래, 문어, 전갈, 올빼미 등)의 코의 위치를 살펴보며, 후각을 느끼는 기관에 대해 설명해준다. 다른 감각에도 적용할 수 있다.

촉각

1. 다양한 소재의 패브릭(벨벳, 리넨, 펠트, 레이스 등)을 만져보고 흰 도화지 또는 자기가 그린 그림에 붙여본다.
2. 점토, 밀가루 등을 손으로 직접 만지며 놀 수 있게 한다. 물로 농도를 조절하며 다양한 무른 느낌을 느껴본다.
3. 요리에 함께 참여해 여러 재료를 직접 만져본다.
   ex. 시금치 같이 무치기, 함께 돈가스 빵가루 묻히기 등

미각

1. 여러 나라 음식(카레, 톰얌쿵, 바게트 등)을 접해본다. 처음 접한 음식에 대한 거부감은 누구에게나 있다. 다양한 맛에 대해 알게 되는 좋은 기회다.
2. 헨젤과 그레텔에 나오는 과자집처럼 아이와 함께 과자집을 만들어보며 과자의 맛과 모양에 대해 이야기한다.

미술을 매개로 시작하는 프랑스 교육

프랑스 엄마

프랑스에서는 9월에 새 학년이 시작된다. 그리고 한국 나이로 네 살이면 유아학교_{한국의 유치원과 동일}에 간다. 프랑스 유아학교는 교육부_{Ministre de l'éducation}의 유아학교 프로그램 지침_{Les Program Official Maternelle}에 따라 커리큘럼이 구성된다. 대개 이 커리큘럼에는 관찰하기_{Percevoir}, 느끼기_{Sentir}, 상상하기_{Imaginer}, 만들기_{Creer}를 통한 미술 활동이 포함된다. 시작 단계에서도 아이들이 충분히 지켜보고 관찰한 뒤 호기심이 생기고, 하고 싶다는 의지가 생길 때에야 그것을 만지고 느끼고 표현하는 시간을 갖는다.

유아학교에서는 이 네 가지 과정을 기본으로 하되 선생님의 특성에 따라 이를 응용해 수업을 구성한다. 그래서 선생님마다 수업 내용이 조금씩 다르다. 대부분의 수업은 선생님이 테마를 정하고 이 테마에 따라 약 3개월간 진행되는데 이 수업도 결코 고정된 방식은 아니다. 중간중간 아이들의 반응을 살피고 관심 사항이 생기면 새로운 내용과 형식을 도입해 커리큘럼이 조금씩 추가되는 식으로 자유롭다. 여러 요인에 의해 변형, 진행되는 수업 방식 덕에 아이들은 지루할 틈이 없다.

한 가지 테마가 진행될 때마다 선생님은 이 활동들이 각 연령에 맞게 오감을 자극하고 발달할 수 있도록 언어 활동, 체험 활동, 신체 활동, 미술 활동을 연계해 수업을 구성한다. 아이들은 이 시간을 통해 자연스럽게 언어와 각종 기호, 수학, 과학 등을 접하게 된다. 미술로 접근한 모든 학문은 직간접적인 체험이 되므로 아이들은 이렇게 배운 것들을 좀 더 오랫동안 기억에 담아둘 수 있다. 프랑스 유아학교에서 아이들을 가르치는 선생님들의 이야기를 들어보자.

"2~3세 아이들을 가르치고 있어요. 오감을 주제로 한 동화책을 읽고 감각별로 시각 어둡고 밝기 느끼기, 촉각 점토 놀이 하기, 청각 악기 만들기, 후각 향기 주머니 맡기, 미각 과자 맛보기 활동을 준비하죠. 종과 구슬을 함께 끼워 소근육 발달과 청각을 자극하는 활동을 하기도 해요."

이자벨 Isabelle Bouin 선생님

"감정에 대해 배우는 시간에 아이들이 종이 위에 점토로 여러 가지 표정 만들기를 해요. 이를 통해 촉각과 시각을 자극하죠."

나탈리|Nathalie Akalay 선생님

"여러 가지 촉감의 재료들을 박스 안에 넣어놓고 아이들이 자유롭게 꺼내보고 만져보게 해요. 이를 통해 촉각과 함께 시각을 자극할 수 있어요."

오렐리|Aurélie Hochart 선생님

프랑스 유아학교에서 선생님의 역할은 아이들의 작품을 가치 있게 만들어주는 것이라고 한다. 모든 작업이 끝나고 작품을 집으로 가져갔을 때 부모님으로부터 칭찬을 들을 수 있도록, 이를 통해 아이의 자존감이 자랄 수 있도록 기회를 갖게 해준다. 또한 부모님으로부터 칭찬과 긍정적인 반응을 얻은 아이들은 미술 활동에 대한 동기 부여를 갖게 되고 동시에 유아학교 생활에 더욱 적극적이 된다. 그래서인지 많은 프랑스 부모님들은 아이들의 작품을 버리지 않고 소중히 간직한다. 아이의 작품을 간직하는 방법은 저마다 다양한데, 아이의 자존감을 높여주기 위해서는 거실, 현관 등 잘 보이는 곳에 전시하는 것이 좋다. 또 손님이나 친구가 놀러 왔을 때 아이가 직접 작품을 소개하도록 하는 것도 동기 부여에 도움이 된다.

　　그렇다면 가정에서 이런 선생님의 역할을 대신해보는 건 어떨까? 전문적인 교구, 탄탄한 커리큘럼을 갖추지 않았다 해도 상관없다. 엄마, 아빠가 아이들에게 가장 좋은 놀이 친구, 가장 훌륭한 기록자가 되는 것은 생각만큼 어렵지 않다. 아이에게는 그 누구보다 엄마, 아빠가 최고의 선생님이 될 수 있기 때문이다.

아이의 작품을 가치 있게 하는 다섯 가지 방법

1. 작품을 돋보일 수 있게 해준다
   ex. 액자에 그림 걸기, 클리어 파일에 넣어 포트폴리오로 만들기
2. 아이의 이야기를 경청한다
   먼저 아이의 이야기를 다 들어보자. 말이 서툴러도 아이가 말을 마칠 때까지 기다리고 끝까지 들어줘야 아이는 존중받고 있다고 생각한다.
3. 경험, 활동과 관련된 질문을 한다
   ex. "우리가 공원에 갔을 때 본 솔방울하고 비슷한 것 같은데? 생각나? 어때 그런 것 같지 않아?" 등 생각 확장 질문하기
4. 반응을 다양하게 준비한다
   지루하고 기계적인 반응이 아니라 다양한 어휘를 사용하면 듣는 사람도 기분 좋고, 어휘력도 향상시킬 수 있다.
   ex. 와! 신난다, 재미있다, 정말 멋져! 등등
5. 부모 외의 사람들로부터 긍정적인 반응과 칭찬을 들을 수 있도록 한다
   ex. 할아버지, 할머니, 유치원 선생님, 집에 놀러 온 이웃들에게 아이의 작품 소개하기

프랑스 유아학교의 일과

8:30~8:55　등원 Accueil

아빠, 엄마 손을 잡고 유아학교에 온다.

8:55~9:25　모이기 Regroupement

프랑스 유아학교에서는 교실에 있는 긴 벤치에 앉아 하루를 시작한다. 벤치에는 아이들의 이름이 적혀 있고 이름이 적힌 곳에 나란히 앉는다. 자리가 비좁은데도 아이들은 반듯한 자세로 앉아 선생님 말씀에 집중한다. 아침 인사 시간에는 아이들에게 하루의 흐름, 요일의 흐름, 계절의 흐름을 알려주며 인형을 활용해 아이들과 아침을 함께 연다. 유아학교마다 교실마다 다른 인형을 사용하는데 에콜 바라의 안느 Anne 선생님은 요일별로 다른 컬러의 옷을 입는 쥐 인형을 이용해 자연스럽게 요일에 대한 개념을 알려준다.

9:25~10:10　아틀리에 Atelier

미술 활동 시간으로 하루 일과 중 가장 많은 시간을 차지한다.

10:10~10:40 레크리에이션 Recreation

매일 30분씩 학교 마당에서 자유롭게 뛰어논다. 날씨가 추워도 바람이 불어도 야외에서의 활동은 생략하지 않는다. 이 역시 계절의 흐름을 아이들에게 직접 느끼게 하는 목적을 갖고 있다.

10:40~11:30 아틀리에 Atelier

미술 활동을 이어간다.

11:30~14:00 점심시간 Déjeuner

집에 가서 점심을 먹고 오거나 유아학교 급식을 이용한다.

14:00~14:50 신체 활동 Motricité

유아학교 내 실내 체육관에서 매일 진행한다.

14:50~15:20 휴식 시간Temps Calme

낮잠을 자거나 잠시 누워 휴식을 취한다.

15:20~16:05 통합 교육Décloisonnement

과학, 음악, 미술 등 여러 과목을 함께 통합해 진행하는 시간이다. 여러 가지 테마를 다양한 방식으로 접하며 아이들의 관심사에 따라 자연스럽게 진행된다. 이 시간에 한 가지 프로젝트를 정해 1년 동안 진행하는 경우도 종종 있다.

프랑스 유아학교의 한 반 정원은 최대 30명으로 보통 25명 내외이다. 그리고 교사 한 명과 보조교사 한 명이 이끌어나간다. 한국 나이로 네 살 아이들로 구성된 프티 섹시옹Petit Section의 경우도 동일하다. 이렇게 인원이 적지 않음에도 불구하고 전혀 소란스럽지 않다. 그 이유 중 하나는 아마도 선생님의 목소리 때문일 것이다. 우리나라 유치원 선생님들은 애교 넘치는 목소리로 아이들에게 귀여운 어투를 사용한다. 그에 비해 프랑스 유아학교 선생님들은 카리스마 넘치는 목소리로 아주 또박또박 이야기하는데 일반 어른들을 대하는 말투와 다르지 않다.

아이의 첫 번째 낙서가 중요한 이유

18~36개월

　아이들은 모든 것에 호기심이 많고 관찰, 탐색하는 것을 아주 좋아한다. 단순히 좋아하는 것 이상으로 본능이라고 할 수 있다. 호기심이 많은 아이들은 자신을 둘러싼 사물을 주의 깊게 관찰하고, 발달이 빠른 아이들은 어른이나 형, 언니를 따라 하는 것을 매우 좋아한다. 아이들은 우리가 집 또는 일터에서 글을 쓰거나 그림을 그리는 것을 보고는, 그 동작을 이해하고 자기도 똑같이 해보려고 노력한다.

　아이들은 자신만의 리듬이 있어서 생후 몇 개월부터라고 딱 잘라 이야기할 수는 없지만 크레용을 잡을 수 있는 순간이 오면 뭔가를 그리고 싶어 한다. 이때 아이의 그리고자 하는 욕구에 응해주는 것을 잊지 말아야 한다. 만약 아이가 손을 내밀어 크레용을 잡고 싶어 한다면, 그리고 뭔가 끼적이고 싶어 한다면 그 순간을 그냥 지나쳐서는 안 된다. 그때 바로 아이에게 크레용을 건네줘야 한다.

얼마 전 20개월을 갓 지난 아이의 엄마가 아이에게 크레용을 줘도 되느냐고 물어왔다. 아이가 크레용을 입에 넣을까 걱정이 된다는 것이다. 분명 아이는 처음 보는 크레용에 호기심을 가질 것이다. 그리고 탐색하는 과정에서 자신의 입으로 가져갈지도 모른다. 하지만 '크레용은 먹는 게 아니다', '맛이 없다'는 것을 스스로 판단하고 나면 그림 그리는 데에만 사용할 것이다. 그러니 너무 염려하지 말고 크레용을 손에 쥐어주라고 했다.

아이에게 불미스러운 사고가 생길 것이라 지레짐작해 첫 번째 그림을 그리려는 시도를 막는 것은 중요한 기회를 빼앗는 것과 같다. 아이가 그림을, 낙서를 시작하면 집 안이 어지럽혀질 수밖에 없다. 이제, 집이 어느 정도 어지럽혀질 것을 각오하고 아이들에게 공간을 내주어야 할 때가 온 것이다. 어차피 그럴 바에는 다음 몇 가지 사항에 유념해 아이들의 낙서를 권장해보는 건 어떨까?

특별한 장소와 시간을 정하지 않기

낙서하기와 그림 그리기를 특별한 장소나 시간에 하도록 하지 말자. 일상생활에서 짧은 메모를 하거나 편지를 쓸 때, 쇼핑 리스트를 준비할 때 옆에 앉아 있는 아이에게 손에 맞는 작은 크레용과 종이 한 장을 건네보자. 아마 아이는 진지한 눈빛으로 첫 번째 낙서를 시작할 것이다. 직선 또는 곡선을 그으며 아이 스스로 자연스럽게 새로운 동작을 익히고, 발견하고, 숙달해 나간다. 엄마, 아빠의 관심과 긍정적인 반응은 아이에게 또 그림을 그리고 싶은 마음이 들게 할 것이다.

'어린 화가'의 이러한 초기 순간들은 독특한 동작의 기쁨과 의미 있는 움직임의 흔적을 남기는 첫 번째 단계다. 자기 팔이 움직이면 손도 따라 움직이고 크레용이 같이 움직이고 그 움직임이 흔적을 남기는 것을 보며 아이는 기뻐하고 신기해한다. 이때 아이의 표정을 유심히 지켜보자. 그 순간이 아이에게 얼마나 소중한지 느낄 수 있을 것이다. 사실 그 순간은 아이와 엄마 모두에게 소중한 시간이다. 또 앞으로 아이가 커가면서 경험할 여러 가지 배움의 시작이므로 결코 소홀히 여겨서는 안 된다.

그림을 그리는 데 있어서 너무 빠른 시기도 없고, 또 특별히 정해진 시기도 없다. 아이가 원할 때, 흔적을 남기고 싶어할 때를 놓치지 않는 것이 중요하다는 걸 기억하자.

탈리의 첫 번째 낙서

시도니는 둘째 딸 탈리Talie가 15개월 때 첫 번째 낙서를 하던 순간을 정확히 기억하고 있다. 시도니가 저녁식사를 준비할 때 탈리는 혼자 앉아 낙서를 했다. 시도니는 이 낙서를 탈리의 노트에 붙여 아직까지 간직하고 있었다. 우리도 식사를 준비하는 동안 종이 한 장과 크레용 하나를 아이 앞에 놓아주면 어떨까? 아이가 첫 번째 낙서를, 첫 번째 그림을 시도하도록 기다려보자.

탈리, 20개월에 물감을 맛보다!

탈리가 물감이라는 새로운 재료를 만났을 때의 모습이다. 손으로 만져보고 냄새도 맡아보고 입에도 넣어보고 새로운 발견을 하는 중이다.

언니 레일라Leila가 탈리와 함께 물감으로 그림을 그리면서 웃고 떠든다. 탈리는 물감을 물끄러미 바라보다 입에 넣기도 한다. 하지만 레일라가 물감을 어떻게 사용하는지 보고, 또 물감이 맛없다는 사실을 알고는 다시 입에 넣지 않았다.

다양한 재료 쥐어주기

　물감, 수성펜, 잉크, 두꺼운 분필 등 아이가 다양한 재료를 경험할 수 있도록 하자. 볼펜과 연필은 우리가 매일 사용하는 기본적인 필기도구다. 아이의 손에 쥐어주고 엄마, 아빠가 지켜보며 사용하게 하면 어떨까? 아이들의 작은 손에 맞는 색색의 수성펜이나 분필, 물감도 건네보자. 단, 모든 것을 입에 넣는 호기심 많은 아이들을 위해 위험하지 않은 재료로 만들었는지는 엄마가 꼭 확인해야 한다.

　앞서 이야기했듯 이때는 매우 중요한 탐험의 시기다. 아이는 여러 재료들이 각각 어떤 결과를 내는지 보는 것을 좋아하고, 우리가 상상하는 것보다 더 많은 것을 느끼고 스스로 배우게 된다.

　새로운 재료는 지금껏 느껴본 적 없는 감각과 경험을 가져다준다. 아이에게 물감을 건네보자. 아이들은 보고 만지며 물감을 직접 느끼고, 재료에 적응하게 된다. 물감을 더 잘 느끼게 해주기 위해 붓 없이 사용해보도록 하는 것도 좋다. 물감은 크레용이나 볼펜과는 달리 생기 있는 색의 흔적을 남긴다. 이때 아이가 손가락을 사용해서 만지고, 두드리고, 섞을 수 있도록 해보자. 아이 손에 물감이 묻자마자 닦아주거나 테이블에 묻었을 때 바로 닦지 말고 아이가 자연스럽게 만지고 놀 수 있도록

하는 것이 중요하다. 아이는 물감이 차갑고 미끌거린다는 사실을 알게 될 것이다.

     처음에는 물감을 한 번에 한 가지 색만 주도록 한다. 그렇게 아이는 천천히 색과 재료에 진숙해지고 한 가지 색으로 그림을 그릴 때 의외로 멋진 작품이 나오기도 한다. 이때 어른 눈에 비친 미학적인 결과는 별로 중요하지 않다. 그림은 잘 그리고 못 그리고를 평가하는 것이 아니다. 이 활동의 의의는 아이를 자유롭게 놓아두는 것이며, 종이에 색색의 얼룩을 덮어가며 물감이라는 새로운 질감과 컬러를 발견하도록 하는 것이다.

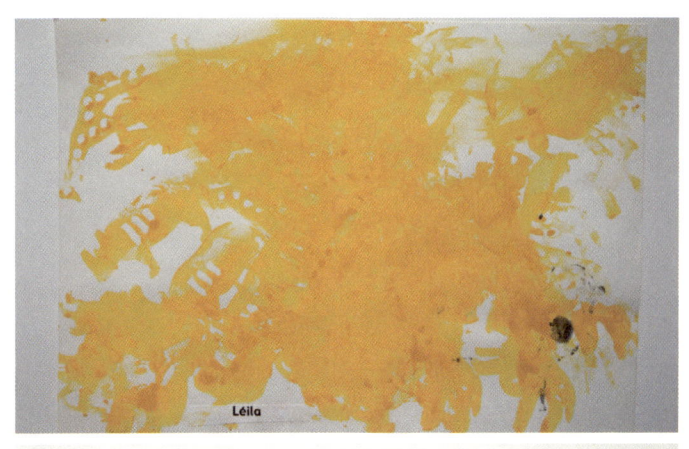

한 가지 색으로 표현한 그림들

한 가지 색에 집중함으로써 색의 강도를 느낄 수 있다.

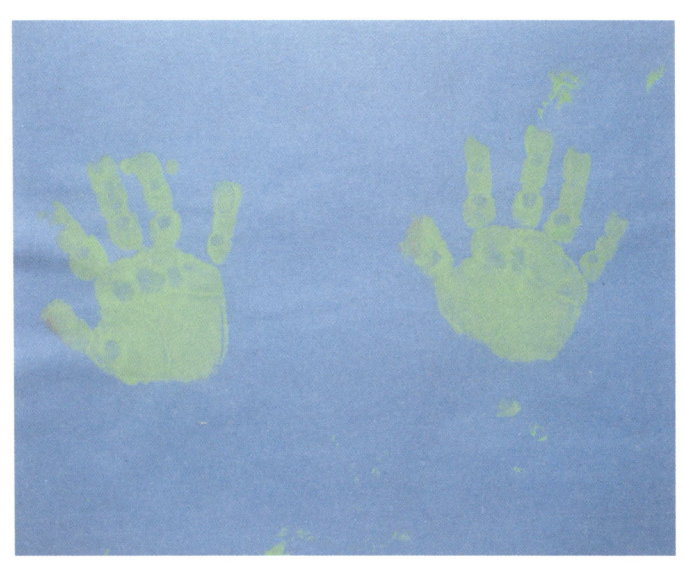

물감으로 찍은 두 살 된 레일라의 손

아이의 두 살 때 손 크기를 남길 수 있는 좋은 방법이다. 작지만 유용한 이 손으로 아이는 많은 것을 할 수 있다.

물감의 튜브 뚜껑으로 물을 타지 않은 물감을 묻혀 찍은 자국이다.

손으로 충분히 물감을 느껴봤다면 이번에는 붓이나 면봉, 작은 나무토막, 칫솔, 포크, 코르크 마개같이 다양한 흔적을 남길 수 있는 작은 물건을 사용하도록 해보자. 새로운 도구들로 종이 위에 다양한 흔적을 만들 수 있다. 물건 외에 아이의 손가락으로 또 다른 흔적을 만들 수 있다는 것을 발견하게 하는 재미도 아이에게 참신한 접근이 될 것이다.

그 밖에도 수성펜은 앞치마와 물통을 꺼낼 필요가 없어 편리하고, 아이들도 쉽고 자유롭게 다룰 수 있어서 그리기 재료로 사용하기 좋다. 아이들은 흔히 펜으로 움직이는 원형의 선을 연습하는데 이때 이어졌다, 끊어졌다를 반복하게 된다. 이것을 '최초의 실뭉치 Pelote Originelle'라고 한다. 아이들은 펜을 잡고 손을 움직이며 실험을 한다. 손은 종이 위를 움직이고, 수성펜은 자국을 남기고, 이렇게 만들어진 결과는 아이들의 시선을 사로잡는다.

대개 이 낙서들은 우리 눈에는 막연해 보이지만 아이에게는 매우 특별하다. 우리가 기대하는 형태를 명확하게 묘사하지는 않지만 아이가 자신의 신체로 체득한 표현이며, 매일 성장해가는 아이의 발달 상황을 보여주는 지표이기도 하다. 이렇게 매일 성장해가면서 점점 더 나은 몸짓으로 숙련되는 과정을 엄마가 지켜보고 응원해줘야 하지 않을까.

'최초의 실뭉치' 단계가 지나면 아이는 자신의 또 다른 가능성을 발견하게 된다. 선을 멈출 수 있고, 점을 찍을 수 있으

며, 움직임을 다양하게 묘사할 수 있게 된다. 그러면서 아이는 여러 가지 새로운 시도를 한다. 구체적인 어떤 것을 표현하고자 하는 의도 없이 실험을 계속한다. 그것은 아이의 순수한 몸짓이고, 그 선들은 아이에게 탐구하고 계속 연습하도록 부추긴다. 아이가 기쁨을 느끼는 한 계속하도록 내버려두자. 아이는 선을 그으며 손과 눈을 훈련하고, 성장시키는 중이기 때문이다.

종이 재질과 색을 변화시키기

여러 종이를 활용하는 것은 다양한 촉감을 경험하기에 좋다. 종이의 재질과 색, 그림 도구에 따라 결과물에 변화가 생기고, 물감이나 펜 등의 번짐 효과도 저마다 달라지기 때문에 그 자체로 신기한 체험이 된다.

종이와 도구의 변화 외에 스티커를 떼서 붙이는 활동 능은 섬세한 운동 기능을 발달시키는 데 도움이 된다. 스티커로 인해 모양과 색을 경험하고, 움직임을 통해 자연스러운 신체 발달이 이뤄지는 것이다. 또한 스티커에 나온 동물이나 도형의 이름을 말하면서 재미있게 단어를 접하고 배울 수 있는 좋은 기회가 되기도 한다. 또 콜라주 작업을 할 때는 더 풍부하게 하기 위해서 수성펜 또는 크레용으로 낙서를 곁들이면 조금 더 개성

있는 작품을 만들 수 있고 더 큰 즐거움을 느낄 수 있다.

재활용품 사용하기

낱장의 공책, 신문지, 이면지, 종이상자 등의 갖가지 종이를 자유롭게 활용하자. 다양한 재활용 종이 위에서 아이들은 두려움 없이 손을 자유롭게 훈련할 수 있다. 작은 종이에만 그려왔다면 벽에 큰 종이를 붙이거나 종이로 띠를 둘러주는 등의 변화를 주는 건 어떨까? 벽에 붙은 종이 또는 띠에 아이가 그림을 그리면, 아이 방에 멋진 인테리어 효과를 줄 수도 있다.

또한 아이에게 낡아서 입지 않는 아빠의 티셔츠를 입혀주는 것도 재미있는 놀이가 될 수 있다. 아이는 아빠 옷을 입었다는 것에 재미있어 할 것이다. 만약 날이 덥다면 윗도리를 벗기고 그림을 그리게 하는 것도 좋다. 발이나 손으로, 때로는 온몸을 이용해 그림 그리는 시간을 갖게 해준다면 아이들은 정말 행복해할 것이다.

재생지에 물감을 이용해 붓으로 그린 그림

레일라가 두 살 때 재생지에 물감을 이용해 붓으로 그린 그림이다. 시도니는 레일라가 열네 살이 된 지금까지도 이 그림을 보물처럼 간직하고 있다. 그림의 제목은 '넘어진 유령Un Fantôme qui est Tombé'이다. 레일라가 처음부터 의도했는지 나중에 제목을 붙였는지 모르겠지만 시도니는 이 그림의 제목을 들었을때 깜짝 놀랐다고 한다. 당시 두 살이었던 레일라는 그림 안에서 하나의 실체를 봤고 그 이야기를 엄마에게 해주었다. 시도니는 이 멋진 그림과 레일라의 이야기를 잊어버리지 않기 위해 그림의 뒷면에 메모해 고이 간직하고 있었다. 이런 그림을 '우연한 사실주의Réalisme Fortuit'라고 부른다.

그리는 기쁨을 맛보게 하기

    그림 그리는 즐거움을 알게 된 이 시기의 아이에게 가장 중요한 일은 일상생활 속에서 그림에 대한 관심과 호기심을 불러일으키는 것이다. 그러기 위해서 엄마가 아이에게 작은 활동을 제안하는 것이 좋다. 이 시간은 아이와 엄마가 자연스럽게 즐거움을 나누는 시간이 되어야 한다. 아이 스스로 자신의 동작이 어떤 결과를 가져오는지 알게 하고, 또 엄마, 아빠의 관심과 응원을 통해 용기를 북돋아주는 시간이 되도록 하자. 무엇보다 아이에게 "안 돼"라는 말을 하지 않는 분위기에서 자유롭게 여러 가지 재료들을 가지고 놀 수 있도록 한다.

    또한 아이들은 자신이 그린 그림에 대해 이야기하는 것을 좋아한다. 아이들이 그림에 대해 이야기할 때는 스스로 표현할 수 있도록 기다려주고 미리 많은 질문을 하지 않는 것이 중요하다. 대부분의 엄마들이 아이에게 "이게 뭐야?", "누구야?" 하고 물어보는데 그러면 아이들은 엄마, 아빠를 기쁘게 하기 위해 어른들의 기대에 맞춰 반응을 하거나 대답을 지어낼 수 있다. 그림의 형태보다는 사용한 컬러에 대해, 왜 그런 컬러를 선택했는지 또는 다른 곳에서 똑같은 컬러를 본 적이 있는지 하는 식으로 이야기를 이끌어나가는 것이 좋다.

    아이의 그림에 더 큰 가치를 부여하는 가장 간단한 방법은 할아버지, 할머니, 이모, 고모, 사촌 등 주변 사람들의 생일이나 기념일에 아이의 그림을 선물하는 것이다. 이 방법을 통해 아이에게 자신감을 주고 자기의 그림이 여러 사람들에게 기쁨이 될 수 있다는 것을 알게 하자.

프랑스 북부 릴에 거주하는 필립Philippe은 순수 회화와 미술사를 가르치는 선생님이자 아빠이자 화가다. 우리가 아이들의 그림에 대한 책을 준비하고 있다고 했을 때 모차르트 유아학교의 오드리 선생님이 그를 소개했다. 오드리 선생님은 그가 우리 책과 아주 잘 어울리는 작업을 하고 있다고 덧붙였다.

필립은 아이가 그린 그림 위에 그림을 덧그리는 방식의 공동 작업을 하는 것으로 유명한 예술가였다. 그는 자신의 작업을 화가로서의 작품 활동이라기보다 가족의 이야기를 담는 작업이라고 소개하며, 가족의 보물이라는 두 권의 앨범을 보여주었다. 그 안에는 아들 가스파, 딸 수잔과 함께 작업한 작품이 담겨 있었다. 작품을 보기에 앞서 아이들과의 공동 작업을 소중히 간직하고 있는 아빠의 모습이 정말 멋져 보였다.

필립과 가스파의 공동 작업은 처음부터 계획된 일은 아니었다. 가스파가 두 살 때였다. 필립은 벽난로가 위험해 보여

자신의 '늑대' 작품(캔버스에 유화 그림)으로 가려놓았는데, 어느 날 가스파가 뚜벅뚜벅 걸어가 아빠의 그림 위에 낙서를 하는 것이 아닌가. 필립은 이 상황을 보고 있었지만 눈 깜짝할 사이에 일어난 일이라 말릴 틈이 없었다. 암컷 늑대와 새끼 늑대들을 그린 이 작품은 형형색색으로 '낙서'된 그림이 되어버렸다. 필립은 너무 당황해서 가스파의 공격을 당한 자신의 작품을 아무 말도 못한 채 쳐다만 보고 있었다. 하지만 가스파의 이 낙서를 통해 재미있는 작업이 시작됐다.

이후 필립의 작업실에서는 네 개의 손이 바삐 움직이게 되었다. 가스파는 낙서를 하고, 필립은 그림을 그리는 것이다. 필립은 동물 또는 일상 경험에서 영감을 받은 주제를 가스파와 함께 선택해 작업을 한다.

이 과정에서 가스파가 그림을 그리며 무의식적으로 느끼는 즐거움과 기쁨을 아빠인 필립도 고스란히 전달받는다. 필립은 가스파와의 작업에 대한 논문도 발표했고, 새로운 작업을 시작할 수 있는 영감도 얻게 되었다.

필립은 가장 좋아하는 예술가 루벤스가 17세기에 다른 예술가와 공동 작업을 했듯이 자신도 아이와의 공동 작업이 색다르지 않다고 이야기한다. 그러나 가스파가 자라고 그림을 점점 더 잘 그리게 되면서 이 공동 작업을 끝내야만 했다. 각자의 독자적이고 예술적인 길을 찾아가기 위해서······.

"벽난로를 막는 데 쓰기 위해 캔버스 하나를 맞췄습니다. 저는 거기에 암컷 늑대와 새끼 늑대를 그렸죠. 이 작품은 2004년 릴에 있는 라세큐(Lasécu)에서 전시했습니다. 전시 후 벽난로 앞에 작품을 되돌려놓았는데 가스파가 작품 위에 낙서를 했어요. 크레용을 잡기 시작하면서부터 아무 데나 마음대로 그림을 그렸던 것처럼 말이죠. 제 작품에 가스파가 낙서를 하리라고는 전혀 예상하지 못했습니다. 하지만 아이의 낙서를 혼내면 아이가 더 이상 그림을 그리지 않을 것 같아서 저는 결과를 받아들이고 칭찬했습니다. 그렇게 공동 작업이 시작된 거죠.

우리는 작업 매뉴얼을 만들었습니다. 저는 가스파가 큰 캔버스에 먼저 그림을 그리도록 격려했습니다. 그림을 다 그리고 나면, 제가 작업을 이어서 완성시키죠. 우리만의 작업 매뉴얼은 간단해요. 우선 공통된 관심사에 따라 주제를 선택하고 가스파는 빛에 전혀 변색되지 않는 마커로 캔버스에 그림을 그립니다. 그 이미지는 대개 아이 특유의 모습을 보여줍니다. 저는 작품의 제목이 되는 제 부분을 색칠합니다. 바탕은 대부분 하얀색으로 남겨지는데 흰 벽 위에서 이미지가 솟아오르는 것처럼 보이게 하기 위해서죠."

지금 옆에 있는 우리 아이와도 이런 공동 작업을 시도

해보면 어떨까? 엄마 스스로 아이와의 작업을 즐기려는 자세를 갖고, 아이에게 호기심을 불러일으키고, 여러 재료를 같이 찾아보면서 말이다. 일상생활에서 아이와 함께 산책을 하다가 자연에서 재료를 얻을 수도 있고, 아이와 이야기를 나누다가 우연히 새로운 아이디어를 발견할 수도 있다. 엄마도 잘 기억하지 못하는 순간과 장소를 아이가 그리고 이야기해주는 걸 **보면** 그림은 단순히 색칠하고 완성하는 하나의 놀이가 아닌, 아이가 느끼고 배우고 발견한 것들을 보여주는 또 다른 언어라는 것을 알 수 있다.

  36개월 된 딸아이와 함께 프랑스에 다녀온 지 한 달 정도 지났을 무렵이었다. 아이가 비행기를 그렸는데 비행기 안에는 엄마, 아빠, 아이, 스튜어디스가 있고, 기내식을 먹는 테이블과 기내식까지 있었다. 그리고 아이는 비행기 밖에 프랑스가 있다고 설명했다. 여행 중 아이에게 인상적이었던 것들이 자연스럽게 드러나는 그림이었다. 이 그림을 통해 아이가 모든 것을 기억하고 느끼고 있었다는 것을 새삼 깨닫게 되었다. 그리고 아이의 감성과 느낌을 항상 존중해야겠다는 생각이 들었다.

아이들은 모두 예술가

3~6세

아이들의 그림은 연령에 따라 조금씩 변한다. 이런 변화가 일어나는 이유는 아이가 사물에 대해 점점 더 자세히 인식하기 때문이다. 처음에 이해하지 못할 형태의 그림을 그린다 하더라도 부모는 아이의 표현에 주의를 기울일 필요가 있다. 아이의 상상과 생각이 구체적으로 표현되는 것이기에 '그림이 무엇을 말하고 있는가'에 대해 물어보고 알아봐주는 과정은 아이에게 큰 기쁨이 된다.

"자존감을 가진 아이는 다른 아이들보다 덜 인습적이고 더 창조적이다. 우리는 아이들의 창의력 발달을 도움으로써 아이들이 자신에 대해 더 잘 느끼게 할 뿐만 아니라 성공 가능성을 높인다. 좋은 자아존중감은 부모와 아이의 관계 또한 견고하게 만든다."

도로시 예농Dorothy Eignon 박사의 『놀이와 성장』 중에서

그림은 하나의 표현법으로 대부분의 아이들이 좋아하고 즐겁게 하는 활동이다. 아이들은 잘하려는 걱정이나 환심을 사려는 의도 없이 실제 예술가처럼 무의식적으로 자신을 표현한다. 본능적으로 그림을 그리고, 그 그림은 오롯이 자신만을 위한 것이 된다. 이 시기의 아이에게 가정, 학교 등에서 주의해야 할 것은 그림을 그리는 시간이 어른의 간섭이 없는 온전한 자유의 순간이 되어야 한다는 것이다. 왜냐하면 그 시간이 아이에게 정말로 자율적인 순간, 그래서 아이가 상상하는 것을 표현할 수 있는 순간으로 남아야 하기 때문이다. 따라서 절대 강요되어서는 안 되는 활동이다. 어떤 아이들은 매일 그림을 그리고 싶어 하지만 다른 아이들은 가끔씩 그리기를 원한다. 또 어떤 아이들은 독립적으로 그림을 그리지만 다른 아이들은 도움을 필요로 한다. 아이들은 그림 그리는 활동에서 각각 다른 접근 방식을 가지며 우리는 어른으로서 아이들의 욕구와 창조력을 존중해줘야 한다. 여유를 갖고 아이들을 지켜봐주자.

아이들은 그림에 자신의 감정과 느낌을 표현한다. 이것

은 일상생활에서의 경험은 물론이고 자신만의 상상 세계를 포함한다. 또한 아이들은 그림을 통해 복잡한 기분을 표출하기도 하는데 간혹 너무나 많은 불확실한 감정이 표현되어 자기 자신조차 알 수 없는 그림이 되기도 한다. 그럴 경우 아이들은 그림 그리기를 어렵게 느낄 수 있다. 이때는 아이와 함께 직접 체험한 활동에 대해 구체적으로 이야기를 나누고 난 뒤에 그리게 하면 도움이 된다.

만화영화 보기, 동물원 구경 가기, 시골에서 산책하기, 일요일에 정원 가꾸기, 동생의 탄생 등 모든 경험은 어떤 방식으로든 기록되고, 종이 위에서 다시 그려지거나 쓰인다. 그림의 결과는 중요하지 않다. 그림으로 인해 아이가 자신의 감정을 표현할 수 있다는 것이 중요하다. 3~6세 아이들이 그린 그림을 통해 그들의 세계를 관찰할 수 있는 것이다.

얼굴 큰 사람 그림

모든 아이들은 성장하고 발전한다. 세 살이 되면 아이의 서툰 그림은 변화하고, 종이 한구석에서 우연히 '떼따_{얼굴 큰 사람}' 모양이 나타나기 시작한다.

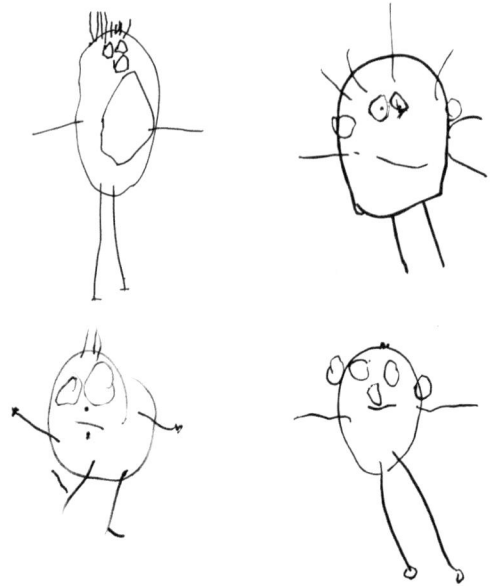

　이 '얼굴 큰 사람'은 얼굴과 몸통을 위한 하나의 동그라미와 팔과 다리를 위한 동그라미로부터 나오는 몇 개의 선들로 단순하게 구성된다. 그러나 아이들의 첫 번째 사람 그림은 감동적이고, 또한 다양한 표현이 시작됨을 알려주기에 의미가 크다.

　얼굴 큰 사람 그림은 아주 단순한 형태지만 우리는 그림을 그리는 아이들의 수만큼이나 다양한 그림을 발견할 수 있다. 세상의 모든 아이들은 이렇게 자신의 첫 사람을 그리기 시작한다.

다양한 색으로 꾸민 사람 그림

　시간이 지남에 따라 아이들은 세부 묘사를 점점 덧붙이기 시작한다. 머리와 몸을 표현하기 위해 둥근 모양 두 개와 머리카락이 생겨나고, 두 눈에는 긴 속눈썹이 있고, 옷들은 다양한 무늬로 장식된다. 이러한 '현실적인' 요소들은 아이들의 사람 그림을 더 풍성하고 재미있게 만든다.
　그렇게 아이들의 사람 그림은 진화해간다. 아이들이 성장하는 것처럼 사람의 신체 구조를 점점 더 자세히 인식하면서 아이들의 사람 그림도 발전하는 것이다.

자아 노트, 자아 존중

프랑스 릴에 있는 모차르트 유아학교의 오드리 르부 Audrey Lebourg 선생님은 수업시간에 아이들에게 '나만의 자아 노트'를 만들도록 했다. 그녀는 말한다.

"모든 아이들이 '자아 존중'에 큰 가치를 부여하는 것은 매우 중요한 작업이에요. 자아 노트는 아이들이 있는 그대로를 존중하고 자기 자신의 독창적인 세계에 가치를 부여하도록 만들기 위한 아주 쉬운 방법이죠."

아이들은 자아 노트에 자유롭게 그림을 그리고 아무런 평가도 받지 않는다. 따라서 정말 단순히 좋아하는 것을 그린다. 자신의 가족, 집, 가장 친한 친구, 좋아하는 음식, 좋아하는 게임……. 그리고 완성된 그림에 대해 간단히 설명하는 시간을 갖는데 이는 아이들의 표현력을 기르는 데 큰 효과가 있다. 또한 다른 아이들과 교류하고, 그림과 언어로 자기를 표현하는 데 도움을 주는 시간이기도 하다.

집에서 아이에게 노트를 정해주고 아이가 원할 때 그림을 그릴 수 있게 해보면 어떨까? 자신이 원할 때 원하는 그림을 그리고, 스스로를 표현하도록 하는 것이다. 그런 과정 속에서 아이들은 자신이 만들어가는 이야기와 자신만의 세계를 자랑

이삭Ishak의 자아 노트

스럽게 여기게 될 것이다.

　　자아 노트를 통해 가족 간의 대화도 자연스럽게 이루어질 수 있다. 천진난만한 아이들의 재미있는 그림 설명을 듣고 있으면 생각지도 못한 내용들에 깜짝깜짝 놀라고, 때로는 좋은 아이디어를 얻기도 한다. 그렇게 순간순간 행복한 시간이 쌓여갈 것이다.

"그림으로 인해 아이는 나아가고, 이해하고, 성장한다. 활동만큼이나 중요한 자유로운 그림으로 인해 아이는 자신의 상상력과 주도적 행동, 경험의 안목을 발전시킨다."

부모는 창의력 발달의 가장 큰 조력자

　　프랑스 부모들은 아이들의 학업 성적보다 창의력 발달에 정성을 다한다. 그들은 아이들의 창의력을 자극하는 것이 아이들로 하여금 자기만의 특별한 아이디어를 떠올리고, 자신만의 고유하고 훌륭한 해결책을 찾을 수 있도록 한다고 생각한다.

　　창의력은 자신의 삶을 만들어가는 능력이다. 자기 이야기의 창조자_{창조하는 배우 Cré-acteur}가 된다는 것은 아이들이 살아가는 동안 만나게 될 예기치 못한 크고 작은 장애물과 문제에 대해 스스로 해결 방안을 찾을 수 있다는 것과 같은 의미다.

　　아이들의 창의력을 자극하는 것은 어렵지 않다. 그저 부모가 긍정적이고 창의적인 태도를 갖기만 하면 된다. 무엇보다 가장 중요한 것은 아이들의 창의적인 순간을 함께 보내고 싶어 하는 마음이다. 아이들이 무언가를 만들 때 격려하면서, 도우면서, 용기를 주면서, 옆에 있어주면서 말이다. 또 한 가지, 실수하는 아이들을 그대로 놓아두어야 한다. 아이들 대신 해주거나 강요하거나 의도하거나 하면 안 되고 강요가 아닌 제안이 되어야 한다.

　　미술 재료를 모아둔 작은 공간과 여러 재료 등을 준비해주는 것부터 시작해보자. 작은 화실, 방 한쪽 구석, 탁자 또는 함께 사용하는 벽장 등 어디든 상관없다. 넓지 않아도 좋다. 이 공간에서 아이가 마음대로 자신이 원하는 재료를 꺼내 사용할 수 있게만 하면 된다. 또 창작 활동이 끝나면 꺼낸 재료를 정리하도록 해야 하는데, 이것은 창작의 자율성을 발달시킨다.

　　꼭 거창할 필요는 없다. 처음엔 수성펜과 분필, 가위, 종이를 담은 몇 개의 투명한 상자 또는 라벨지를 붙인 상자만 있으면 된다. 그럼 아이는 몇 가지 규칙을 정하고 지켜나가면서 자유롭게 그림과 창작의 즐거움에 빠져들게 된다. 예를 들어, 만약 아이가 물감칠을 한다면 앞치마를 입어야 한다는 규칙을 만들 수 있다. 또 물감을 다 쓰면 스스로 붓을 닦아야 하고, 지점토를 사용한다면 고양이 또는 돼지를 다 만들고 나서 지점토가 들어 있는 통의 뚜껑을 잘 닫아야 한다는 등의 규칙을 정하면 된다.

지속적으로 아이의 관심을 유발하기 위해 새로운 재료를 추가하면 아이에게 색다른 기법을 경험하게 할 수 있다. 또 아이들은 새로운 재료를 통해 창작을 위한 작고 참신한 방법을 스스로 생각해낼 수도 있다.

거실 또는 주방 한쪽 벽에 칠판 페인트를 칠하거나 칠판 시트지를 붙이는 것도 좋다. 아이들뿐만 아니라 모든 가족을 위한 멋진 도화지가 될 것이다. 어른들은 그 위에 전화번호를 적고, 아이들은 그 위에 그림을 그린다. 엄마, 아빠와 아이가 함께 단어 또는 필체에 관련된 어떤 놀이든 쉽게 할 수 있다.

자신만의 공간이 아닌 엄마, 아빠와 함께 사용하는 공간을 통해 아이는 다른 이들을 존중하는 법을 배우고 이 공간 내에서 할 수 있는 작은 아이디어를 스스로 생각한다. 그러면서 아이는 자유롭고 호기심이 많은, 또 발견하고 배우고 공유하는 아이가 될 것이다.

그림 또는 작은 작품이 완성되면 아이들에게 엄마, 아빠의 시선은 매우 중요하다. 때때로 어른의 눈으로 어른의 기준으로 보기에 잘 만들어진 작품이 아니더라도 엄마, 아빠가 관심을 갖고 있다는 것을 느끼게 해야 한다. 아이들의 미술 활동은 뛰어난 예술작품을 만드는 게 목적이 아니다. 또 전공을 시키기 위한 것도 아니다.

종종 초등학교에 입학하면서 또는 고학년이 되면서 아이가 좋아하는 미술이나 음악을 시켜야 할지, 공부에 집중시켜야 할지 모르겠다는 엄마들이 있다. 결론은 아이들의 미술 또는 음악 활동은 예술가로 키워내는 게 목적이 아니어야 한다는 것이다. 예술의 본질인 자신의 무의식을 표현하고 스스로 가치를 부여하는 것이 아이들에게는 정말 중요하다. 아이에게 창조의 즐거움을 느끼게 하는 것은 아이의 학교 생활과 인생에 큰 도움이 된다. 외국 대학들은 공부만 잘하는 학생을 선발하지 않는다. 공부를 잘하는 것도 중요하지만, 자기가 좋아하는 활동을 열심히 할 수 있는 사람이 자신의 감정을 잘 컨트롤할 수 있고, 어려움을 만났을 때도 잘 극복해낼 수 있기 때문이다. 따라서 '공부에 집중시키기 위해서'라는 이유로 아이가 좋아하는 활동의 기회를 없애지는 말았으면 한다.

일반적으로 아이의 작품이나 그림을 보면서 우리는 흔히 "이게 뭐야?"라고 매번 똑같이 묻거나 "예쁘다", "잘했네"라는 형식적인 칭찬을 하곤 하는데 아이의 그림이나 작품에 대해서 "잘했다"라는 것은 그리 좋은 말이 아니다. 미술 작품에는 잘하고, 못하는 것이 없기 때문이다. 아이가 선택한 컬러, 재료에 대해 이야기하거나 어떻게 시작된 작품인지, 무얼 의도하고 싶었는지에 대해 이야기하는 게 더 좋다.

그리고 이건 꼭 물어보자. "너의 생각을 다 표현한 거니?" 아이들은 종종 표현하기 힘들어지면 중간에 그림 그리기나 만들기를 중단한다. 그럴 때 이런 질문을 통해 만약 아이가 중간에 멈춘 이유가 있다면 그 어려움을 해결해주고 아이가 표현하고 싶은 것을 끝까지 해낼 수 있도록 격려해줘야 한다. 그럼 아이들은 포기하지 않고 스스로 해결방법을 생각해낼 수 있는 능력을 갖게 된다.

그림 그리기, 만들기 등의 미술 활동에서 아이들이 진짜 원하는 것은 잘했다는 칭찬보다 자신의 이야기를 하는 것이다. 아이들은 왜 이런 생각을 했고, 어떤 방식으로 표현했는지 등에 대해 서로 의견을 나누길 원한다. 엄마, 아빠는 아이들의 창의력과 작업, 끈기, 정밀함에 대해 호기심을 갖고 대화해야 한다.

엄마, 아빠는 아이에게 그림 전시를 제안하며 대화를 이어갈 수도 있다. 어느 장소에 얼마 동안 전시할지는 아이 스스로 결정하도록 해보자. 작품을 아이의 방에 걸거나 자석을 이용해서 냉장고에 붙일 수도 있고, 아이가 가장 마음에 들어하는 작품을 액자에 넣거나 마음에 드는 새로운 작품이 나타나면 교체할 수도 있다.

아이의 창의력에 도움이 될 만큼 엄마, 아빠가 스스로 창의적이지 않다고 생각되더라도 불안해하지 않아도 된다. 우리는 모두 각자 조금씩 자신이 잘하는 분야, 좋아하는 분야가

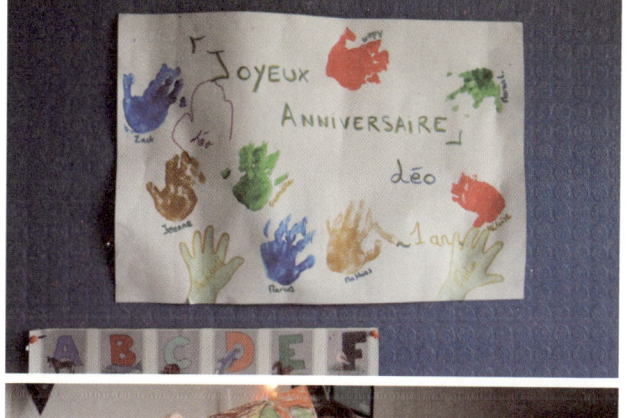

있기 때문이다. 요리하기, 정원 가꾸기, 책 읽기, 춤추기, 놀기 등도 창의적인 활동이다.

미리 준비된 '창의적인 부모'란 없다. 예술가 엄마, 아빠가 아니어도 괜찮다. 엄마, 아빠가 아이들과 함께하면서 자신만의 창의적인 방법을 찾으면 된다. 한번 엄마, 아빠 스스로 자신을 믿고, 즐겨보자. 지구상에 똑같은 부모는 존재하지 않는다는 걸 잊지 말고 각자만의 방법을 스스로 찾아보자.

예술 감각과 창의력, 지속적으로 길러주기

5~6세 아이들은 가장 아티스트적인 감성을 표현하고 멋진 작품을 탄생시킨다. 그래서 그림 그리기의 황금기라고 이야기한다. 반면 이 나이에서 그림 그리기를 멈추기도 하는데, 5~6세 이후에 그림을 안 그리거나 멀리한 아이일 경우 마흔 살이 되어도 여섯 살 때 수준으로 그림을 그린다. 그림 또한 수학, 체육, 음악 같은 과목처럼 연습이 필요하다고 생각해본 적이 있는가? 그림도 연습이 필요하다. 이때 연습이란 그림 그릴 기회를 계속 갖는 것을 말한다.

아이의 창의력과 예술 감각을 키워주기 위해서 어떻게 하면 좋을까? 우선 아이가 그림을 망치거나 또는 아름답지 않게 느껴지는 그림을 그리더라도 계속하도록 격려해야 한다. 자주 그림을 그리게 하고 여러 예술작품을 보여주며 느끼게 한다. 만약 아이가 그림 그리기를 어려워하고 시작하기를 망설인다면 사물을 보고 그림을 그리게 하는 것이 좋다. 예를 들어, 산책길에 손가락만 한 나뭇가지 한 개를 주워 와 도화지 위에 올려놓고 실물과 동일한 크기로 그리게 하는 것도 하나의 방법이다. 아이들이 커가면서 그림 그리는 것을 어려워하는 이유는 정말 어떻게 그려야 할지, 사물이 어떻게 생겼는지 몰라서인 경우가 더 많기 때문이다.

또 미술관에 가서 그림을 보며 아이와 함께 어떤 느낌을 받았는지 어떤 분위기의 그림인지 이야기를 나눠보자. 하나의 그림이라도 깊이 있게 구체적으로 이야기를 나누는 것이 중요하다. 미술관 전체를 다 볼 필요도, 작가와 작품의 이름을 외울 필요도 없다. 단지 아이가 한 작품이라도 직접 보고 느끼고 그것에 대해 표현하기만 하면 된다.

이 두 가지 방법을 지속적으로 지원해준다면 예술적 감각과 표현 감각이 발달하게 된다. 즉, 창의력을 키워줄 수 있는 밑거름을 마련하게 되는 것이다.

레스토랑에서 그림을 그리는 아이들

　　아이와 함께 외식을 할 때나 여행을 갈 때 무엇을 가장 먼저 챙기는가? 아마 많은 부모들이 스마트 기기라고 답하지 않을까?
　　아이들을 얌전히 앉아 있게 하기 위해, 그리고 어른들끼리 이야기를 하거나 조용히 식사하는 등 어른들만의 시간을 갖기 위해 이만 한 방법이 없다.
　　한국에서는 레스토랑, 차 안, 심지어 마트에서조차 아이를 카트에 태우고 스마트 기기를 주는 모습을 흔히 볼 수 있다. 그러면 아이들은 스마트 기기로 만화를 보거나 게임에 집중하며 조용히 시간을 보낸다.

하지만 프랑스에서는 스마트 기기를 들고 있는 아이를 좀처럼 찾아보기 어렵다. 그 대신 레스토랑에서 흔히 볼 수 있는 장면은 아이들이 식사를 기다리면서 그림을 그리는 모습이다. 노트와 크레용을 가지고 다니거나 레스토랑 테이블에 놓여 있는 종이나 티슈 또는 길에서 받은 홍보물, 엽서, 작은 종이 등에 그림을 그리며 시간을 보내곤 한다. 그 사이 엄마, 아빠 또는 함께 식사를 하러 온 어른들은 여유롭게 이야기를 나눈다.

프랑스 아이들도 스마트폰이나 태블릿PC를 전혀 사용하지 않는 것은 아니다. 하지만 그들을 조용히 있게 하기 위한 수단으로 손에 쥐어주지는 않는다.

스마트 기기는 언젠가는 아이도 접하게 되는 미디어다. 따라서 접하는 시기를 늦추거나 무조건 차단만 하면 호기심만 키울 뿐 부작용으로 더욱 집착하게 될 수 있다. 중요한 것은 스마트 기기의 사용을 적절하게 컨트롤해주는 것인데 그 몫은 바로 부모에게 있다.

아이들에게 좋은 애플리케이션을 설치해 접하게 해주는 것도 한 가지 방법이다. 이때 좋은 애플리케이션이란 스마트 기기의 특성을 잘 활용해 아이들과 상호작용할 수 있는 것을 의미한다. 선명한 이미지를 보거나 터치할 때마다 반응하는 등의 양방향 소통이 가능한 것은 스마트 기기의 장점이다. 일방적으로 만화를 보거나 끊임없이 게임을 하는 것이 아니라 스마트

프랑스 아이들은 레스토랑에서 식사를 기다리는 동안 레스토랑에서 나눠주는 전시회 홍보 엽서나 냅킨 등에 그림을 그린다. 창의력과 정성이 가득 담긴 그림을 그려 함께 식사하는 가족에게 선물하기도 한다. 이러한 행동들이 자연스럽게 일상 속에서 이루어진다는 점이 놀랍다.

기기만이 줄 수 있는 긍정적인 영향과 접근, 활용방법을 고민하고 아이들에게 스마트 기기를 접하게 해야 한다.

스마트 기기는 상호작용하는 새로운 매체다. 소리와 이미지, 터치가 합쳐져 보다 쉽게 흥미를 이끌어낼 수 있다. 그래서 여러 출판사에서 아이들을 위한 전자책을 출간하고 있다. 기존의 종이 동화책과 함께 전자책을 활용하면 아이들에게 이야기에 접근하는 새로운 방식을 한 가지 더 소개할 수 있다.

아이 혼자 시간을 보내게 하기 위한 수단으로서가 아니라 엄마, 아빠와 함께 보고 함께 즐기는 긍정적인 목적으로 사용한다면 스마트 기기도 충분히 좋은 영향을 미칠 수 있다. 하지만 종이 동화책만이 줄 수 있는 느낌과 냄새는 대신하지 못한다는 것을 잊지 말자.

아이들이 그림 그리는 것을 즐기고 자신을 표현하는 하나의 방식으로 자연스럽게 이끌어내는 프랑스의 미술교육 분위기는 어디서 오는 것일까? 이것은 정부의 적극적인 지원이 뒷받침되었기에 가능할 수 있었다.

프랑스 정부의 지원으로 진행되는 재미있는 프로그램 한 가지를 소개한다. 레 물랭Les Moulins 유아학교에서는 1년에 한 편 약 15분짜리 영상을 제작하는데 아이들이 1년 동안 영상 속의 배경, 등장인물, 소품을 모두 직접 만든다. 특히 프랑스에는

여러 인종이 함께 살고 있기 때문에 다른 나라 문화에 대한 다양성을 이해시키기 위해 아프리카, 아시아 등을 테마로 영상을 제작한다. '아프리카'를 테마로 한 영상에서 아이들은 스스로 만든 의상과 소품으로 흑인을 연출했다. 또 비행기를 타고 아프리카로 가서 친척들을 만나고 사자, 호랑이, 기린, 코끼리 등 야생동물들과 함께한 이야기도 담았다. 영상에 등장하는 모든 의상과 소품, 배경은 매주 2시간씩 1년 동안 만든 것으로, 영상에는 그동안 아이들이 준비한 과정과 이야기도 담겨 있다.

프랑스 유아학교에서는 짧게는 한 달에서 길게는 1년에 걸쳐 하나의 프로젝트를 진행한다. 아이들은 함께 고민하고 탐색하면서 프로젝트를 완성하기까지 기다림을 배운다. 그래서 프랑스 유아학교에서는 간단히 끝나는 작업보다는 여러 기법과 재료가 함께 사용되는 작업이 진행되는데, 이 때문에 아이들은 자기만의 개성이 담긴 작품을 완성할 수 있으며 오랜 시간을 들인 자신의 작품에 대한 애정 또한 각별하다.

이렇게 만들어진 작품은 프랑스 정부의 지원을 받아 전시된다. 그리고 지역 주민들은 기꺼이 이 멋진 전시를 보러 온다. 프랑스의 미술교육을 바탕으로 놀이 문화에 이르기까지 모든 자연스러운 행위는 가정과 교육기관, 사회, 정부가 상호작용하며 오랫동안 쌓아온 결과를 보여주는 것이다.

어른들의 시간을 존중하게 하는 교육

아이가 말을 하기 시작하면서 내가 하고 싶은 대화는 아이가 잠든 후에나 가능해진다. 아이를 옆에 두고 다른 사람과 말을 할 때면 아이들은 자기도 같이 이야기하자고 하거나 자기가 이야기할 거라며 심지어 입을 막기까지 하는 경우가 있다. 처음에는 말이 트여 조잘대는 모습이 그저 귀엽다. 하지만 시간이 갈수록 가족이 아닌 다른 사람들을 만날 때 민폐임을 느끼게 된다.

프랑스 레스토랑에서 만난 아이들처럼 내 아이도 어른들 대화에 끼어들지 않고 예쁘게 앉아 그림을 그리게 하면 어떨까 하는 생각에 딸아이에게 레스토랑에서 그림을 그리도록 시도해보았다. 하지만 여유로운 대화 시간을 갖는 것에는 실패했다. 아이가 그림을 그리며 질문하고, 자기 그림에 대해 이야기하고 싶어 했기 때문이다. 그 후에도 몇 차례 시도했지만 번번이 실패하는 이유가 궁금해 프랑스 엄마들에게 조언을 구했다.

"단순히 어른들 대화에 끼어들지 않게 하는 것이 아니라, 일상생활에서 어른들이 우선이라는 것을 인식시켜야 해요."

"아이에게 엄마, 아빠도 어른들만의 대화 시간, 장소가 필요하다는 것을 지속적으로 알려주세요."

식사 메뉴를 정할 때에도 무조건 아이 우선이 아니라 엄마, 아빠도 먹고 싶은 메뉴가 있다는 것, 엄마, 아빠도 친구가 있고 외출할 시간이 필요하며 쉬고 싶을 때가 있다는 것을 생활 속에서 알게 해줘야 한다는 것이다. 아이의 의견만 듣고 그 의견만 존중한다면 아이는 엄마, 아빠의 의견에 대해서는 생각하고 인식할 기회조차 갖지 못할 것이다.

그래서 지금은 프랑스 엄마들의 조언대로 엄마, 아빠의 존재에 대해, 엄마, 아빠의 취향과 시간에 대해 지속적으로 이야기해주고 있다. 프랑스 아이들처럼 내 아이가 레스토랑에 앉아 멋진 작품 활동을 하고 있는 모습을 상상해보자. 더불어 그 옆에서 여유롭게 대화를 나누고 있는 우리 자신의 모습도…….

아이들과 기다리는 시간 활용법

레스토랑에서

| 그림 그리기 | 외출용 노트를 마련해 활용하거나 아무것도 준비하지 못했을 경우 레스토랑에서 펜을 빌려 티슈에 그림을 그리게 한다. |

병원에서

| 탐색하기 | 병원에 부착된 포스터와 안내문을 함께 보고 이야기한다. 항상 아이들과 주변을 살펴보고 어떤 공간인지 이야기한다. |

자동차 안에서

컬러 놀이
Jeux de Couleur
도로 위의 자동차를 활용해 빨간색 자동차 찾기, 검은색 자동차 찾기를 하는 게임이다.

니위니농
Ni oui ni non
서로에게 질문을 던지고 답을 하되 '네', '아니요'라는 단어를 사용하면 안 된다. 이긴 사람이 1점을 얻게 되고 10점을 먼저 얻으면 선물을 받는 게임이다.

비행기나 기차 안에서

매직 그림
Dessin Magique
종이를 3등분해 각자 한 부분씩 그린 후 연결해본다. 다른 사람이 함께 있는 공간이므로 자동차 안에서 하는 퀴즈보다는 좀 더 조용히 할 수 있는 게임이 좋다.

아이의 그림과 성적을 평가하지 않는 문화

아이들에게 자유로이 그림을 그릴 수 있게 하면서 다른 사람의 평가에 대한 걱정 없이 창조적일 수 있는 기회를 주는 것! 이것은 모든 부모님과 선생님들이 아이들의 행복을 위해서 결코 잊지 말아야 한다. 아이들의 행복뿐만 아니라 아이들에게 가장 효과적인 교육 방식이기 때문이다. 앞서 강조했듯 아이들은 천성적으로 창의적이다. 아이들은 계획이나 도달해야 하는 목적 없이 오직 자신의 감정을 표현하는 기쁨을 위해 창의적인 작업을 한다. 이때 중요한 것은 아이들이 자유롭게 스스로를 표현하면서 기뻐하는 것이다.

프랑스 유아학교 선생님들과 만나 교류하고 대화하면서

아이들의 자율성이 얼마나 중요한지 알게 되었다. 선생님들은 아이들에게 유아학교에 오는 것이 행복하고, 즐거운 일임을 인식시키는 것이 중요하다고 한다. 그래서 유아학교에서는 어려운 공부와 따분한 책 대신 재미있는 미술 활동을 하며 '유아학교는 재미있는 곳이다'라는 인식이 생기도록 한다는 것이다. 이 시기의 유치원에 대한 인식이 이후 고등 교육 과정까지 이어지는 교육기관에 대한 이미지를 결정하기 때문에 이런 유치원의 역할은 아주 중요하다.

프랑스 아이들은 유아학교에서 함께 배워서 행복하고, 자신의 인격과 개성이 존중받고 인정받는 것을 느끼면서 성장하고 발전하기 때문에 유아학교에 오는 것이 즐겁다고 한다. 이러한 '긍정 교육법'을 추구하는 여러 교육학자들의 증언을 살펴보면 이 방식은 모든 아이들에게 통용되는 바람직한 교육적 접근이다. 긍정 교육법은 중요한 몇 가지 원칙에 기초를 두는데, 그것은 즐거움 안에서의 존중, 참여적인 활동, 협동, 놀이, 본보기, 지원, 개인의 자각, 감성지수이다.

아이들은 여러 창의적인 활동과 자신의 느낌을 표현하는 그림이라는 수단을 통해 아이들만의 독창적인 세계를 친구나 가족에게 보여주는 기회를 갖게 된다. 이때 가장 좋은 반응으로는 어린 예술가와 함께 이야기를 나누고 의견을 교환하는 것이고, 아이의 그림이나 창작을 판단하지 않고, 용기를 돋우고 칭찬하는 것이다. 이러한 칭찬은 아이에게 동기를 부여해 창작을 지속하게 한다. 그런데 이때 칭찬은 너무 과해서도 안 되고, 또 너무 동일한 표현도 좋지 않다. 아이의 그림에 대해 소질을 이야기하거나 재능을 판단하는 대화는 결코 해서는 안 된다.

엄마들은 아이가 그림을 잘 못 그리거나 소질이 없는 것 같다거나 다른 걸 시켜봐야겠다는 이야기를 곧잘 하곤 한다. 아이 앞이라고 다르지 않다. 그러나 미술, 그림 그리기는 아이들에게 그저 자유로운 놀이이자, 하나의 언어이고, 표현 방식이다. 따라서 이에 대해 평가하거나 소질, 재능의 기준을 적용할 필요가 없다.

아이들은 학교에 들어가 영어, 국어, 수학 등의 과목에 집중하게 되면서 긍정적 교육 방식으로부터 멀어지게 된다. 프랑스에서는 학교에 들어가 다른 과목을 배울 때에도 아이들에게 어렵지 않도록, 거부감이 들지 않도록 미술을 통해 접근한다. 또한 초등학교에서도 미술을 포함한 모든 과목에서 점수를 주는 평가제도 자체를 시행하지 않는다. 점수 대신 초록색, 빨간색, 노란색의 컬러를 활용해 아이들의 발달상황을 체크해주는 정도다. 그렇기 때문에 점수화된 평가에서부터 자유로우며 아이도, 엄마도 학교 생활에서 긴장감이나 경쟁심을 느끼지 않는다.

부모들이 모여도 성적이나 공부에 대한 이야기는 하지 않는다. 대신 아이들의 학교 외 활동이나 부모들 관심사에 대한 이야기를 나눈다.

다른 아이들에 비해 조금 덜 '창조적'이거나 그림 그리는 것을 어려워하는 아이에게는 격려와 도움이 필요하다. 그럴 때는 조금 덜 자율적인 방법으로 그림을 배우게 할 수도 있다. 예를 들어, 친구들과 함께하는 공동 작업의 기회를 갖게 하거나, 엄마 또는 형제자매가 그림 그리는 모습을 자주 보여주는 것이다. 이때는 완성된 그림보다 그림 그리는 모습을 보여주는 게 중요하다. 아이에게 언니나 형이 있으면 굉장한 자극이 된다. 언니나 형은 동생에게는 모델이 되며, 아이가 막내라면 더 많은 영향을 받는다. 언니나 형이 선을 긋거나 색을 칠하거나 만들기를 할 때 망설이지 말고 막내도 함께 참여시키자. 함께 그림을 그리고 만들면서 아이들끼리 형제애를 발견하는 기회도 가질 수 있다. 또한 창조적인 순간을 함께 보내면서 아이들끼리 커뮤니케이션이 풍부해지고 서로 가까워진다. 여기서 엄마의 가장 중요한 역할은 아이들을 완전히 자유롭게 자신이 원하는 대로 두는 것이다.

어른들의 격려는 아이들에게 자신감을 주는 방편이 되고 이후에 자발적인 창의성을 되찾게 할 수 있다. 우리 아이들에게 즐거운 교육을 받게 하는 것은 멋진 선물이고 소중한 일이다. 이런 즐거운 교육은 아이들에게 행복과 호기심, 창의적인 안목을 주어 언제 어디서든 스스로 배울 수 있게 한다. 또한 아

이들이 주위의 세상과 조화를 이루면서 그들의 꿈을 펼쳐나가고, 사회적으로 잘 적응하고, 자신이 원하는 창의적인 삶을 살 수 있도록 해줄 것이다.

내 아이를 위한 작은 전시회

프랑스의 학교 또는 지역아동센터에서는 아이들의 창작품으로 다이내믹한 전시회를 열고 있다. 이는 아이들의 창의력에 가치를 부여하고, 가족과 선생님들과 교류하는 계기가 된다. 또한 아이들은 그들이 만든 것을 자랑스럽게 여기고, 그들 스스로를 자랑스럽게 여기게 된다.

그중 바라 유아학교 L'école Bara 의 전시에 다녀왔다. 9월 새 학기가 시작되고 한 달 동안 작업한 작품이 유아학교 도서관에 전시되었다. 모든 아이들이 프로젝트에 참여했고, 모든 작품이 전시되었다. 이것은 함께하는 활동에 활력이 되고, 수업시간에 진행된 테마에 대한 아이들의 이해 방식을 보여주었다.

그림은 학교와 집에서 전시된다. 만약 아이들의 그림과 그들의 창의력에 더 큰 가치를 부여하기 위한 여러 긍정적인 방법들이 학교에서 실행되고 있다면 집에서도 부모들이 연계해 이러한 과정에 참여하는 것이 중요하다. 일과 가정, 사회생활, 일상의 바쁜 삶 속에서 아이들을 위해 긍정적인 사고와 창의력을 키워주기 위해 고민하는 것이 쉽지는 않지만 일상생활에서 아이들의 그림과 그들의 창의력이 가치 있다는 인식만이라도 갖도록 노력해야 한다.

우리 아이들은 학교에서 이미 너무 부담스러운 시간표를 갖고, 하루 종일 많은 이들에 의해 자극받으며, 틀에 맞추어 생활하고 있다. 유치원생들도 유치원을 마치면 수학학원, 영어학원 등에서 수업을 받는다. 그래서 집에서는 아이들이 한숨 돌리고 꿈꾸고 약간 지루하도록 내버려두는 것이 중요하다.

텔레비전 앞이나 게임기 앞에 몇 시간 동안 내버려두는 것이 아니라 그냥 가만히 조용히 있게 하는 것이다. 이렇게 아무것도 안 하고 손을 놓는 순간을 통해 아이들이 창조적일 수 있는 시간을 갖도록 하는 것이다. 아무것도 하지 않을 때 아이들은 가장 창의적이 되어 스스로 몰두할 아이디어를 찾고, 생각해내고, 그림을 그릴 것이다.

너무 많이 도와주지 말고, 대신해주지 말고, 자유의 순간에 아이들 자신이 주인공이 될 수 있도록 내버려두어야 한다. 그리고 아이들 도움을 원할 때에만 도와주면 된다. 또한 거실이나 아이 방에 아이들의 그림과 작품을 전시하면서 아이들의 창의력에 높은 가치를 부여하는 모습을 아이에게 보여줘야 한다. 작품에 대해 판단할 필요도, 평가할 필요도 없다. 어른의 눈으

로 평가하는 자체가 너무나 무의미한 일이기 때문이다.

어른들은 실제 사물과 얼마나 흡사하게 그렸는지, 또는 형태감을 갖추었는지에 따라 평가 기준을 정한다. 어른들의 잣대를 적용하기보다 아이들을 격려해주고 그들의 개성이 발달하도록 지원해주는 것만으로 충분하다.

자네트 미소Jeannette Misséou가 만든 '리틀 갤러리La Little Gallery(http://lalittlegallery.com)'는 아이들의 그림에 더 높은 가치를 주기 위한 재미있는 아이디어로 시작된 웹사이트다. 아이들의 가장 멋진 그림을 전시하고 부모들에게 이러한 아이들의 작품을 보관하고 돋보이게 하기 위한 방법을 제안한다.

부모는 아이들 그림으로 자신만의 갤러리를 만들면서 분실하거나 망가뜨리기도 하는데 이 사이트는 그런 걱정 없이 아이들의 그림을 저장할 수 있다. 또한 아이 그림을 개인적으로 소장하거나 사이트 방문자들이 볼 수 있게 전시하거나 선택할 수도 있다. 뿐만 아니라 정기적으로 그림 그리기 대회를 열고, 회원들과 모든 아이들을 격려하는 이벤트도 진행한다. 물론 멋진 선물과 함께 말이다!

리틀 갤러리는 세상의 모든 부모와 아이들에게 열려 있으며 세상의 모든 부모와 아이들과 나누고 싶은 멋진 아이디어를 담고 있다.

에콜 바라 L'école BARA 유아학교,
그 현장을 기록하다

프랑스에서는 4세 이전에는 크레셰 Crèche라 불리는 어린이집 개념의 보육기관에 다니고, 4세 이후에는 에콜 마테르넬 École Marternelle이라 불리는 유아학교에 다닌다.

      에콜 바라는 우리 나이로 4~7세가 다니는 공립 유아학교다. 에콜 바라에서 첫째 날은 선생님들과의 미팅을 통해 아이들의 일과와 활동을 간단히 소개받았다. 에콜 바라의 첫인상은 흡사 미술학원 같았다. 벽면과 유리창에는 수많은 작품들이 전시되어 있고, 교실 안에는 미술용품과 도구들이 가득했다. 많은 양의 미술 작품보다 인상적이었던 것은 한 가지 테마에 따른 작품의 기획, 제작, 완성 기간이 최소 3개월이라는 점이었다.

      프랑스 교육은 결과물보다 교육의 시작과 과정에 더 초점이 맞춰져 있다. 아이들에게 한 가지 테마를 주고 스스로 충분히 탐색하고 호기심을 갖고 동기가 생길 때까지 기다려준다. 미술시간에도 결과물을 먼저 보여주며 '이걸 만들자'가 아니라, 테마에 대해 같이 생각하고 탐색하고 뭔가 만들어보고 싶을 때, 준비가 되었을 때 작업을 시작하도록 한다. 작업을 시작하고 나서도 중간중간 점검하고 자신이 사용한 재료가 어떻게 변하는지(물감이 마르는 모습, 신문지가 찢어지는 모습 등) 그 과정을 지켜본다. 이렇게 최소 3개월이 걸린다.

      1~2시간 동안 무언가 하나를 그리거나 만들어내는 한국의 미술 수업과는 다른 모습이다. 3개월의 긴 시간을 두고 작업하는 또 다른 이유는 아이들이 '기다림'과 '과정'의 의미를 충분히 깨닫게 하기 위함이라고 한다. 그래서 아이들도, 부모들도 한 가지 작품이 완성되기까지의 과정을 이해하고 조급해하지 않는다.

      한국에서 아이들과 인형 만들기 클래스를 진행할 때 가장 큰 차이점이 바로 여기에 있었다. 서래마을에 위치한 서울 프랑스학교에서 4~8세 아이들과 수업을 할 때는 패브릭을 바꾸거나 직접 손바느질을 하고 싶어 하거나 또는 가위질이 조금 느리거나 하는 등의 이유로 충분한 시간을 갖고 진행한다. 그 결과 평균 8~10회 클래스에 걸쳐 작품 하나가 완성된다. 그렇게 진행되는 동안 프랑스 엄마들은 한 번도 언제 완성되는지 묻지 않는다. 간혹 묻는 건 "오늘은 뭘 했죠?" 정도다. 반면 한국 유치원에서 진행되는 클래스에서의 부모들은 한 달에 작품을 몇 개 만드는지 가장 궁금해했다. 아마도 과정을 중시하는 프랑스 교육 문화와, 결과를 중시하는 한국 교육 문화의 차이가 아닐까.

　　프랑스 유아학교에서는 작품을 만들 때도 정해진 교과서나 커리큘럼이 따로 없다. 연령대에 따라 발달 단계에 맞춰 성취해야 하는 포인트는 놓치지 않된다. 각각의 선생님이 자신의 반에서 진행될 커리큘럼을 마련한다. 테마를 정하고 어떤 식으로 이끌어갈지 고민하고 결정한다. 즉, 같은 연령이지만 선생님에 따라 진행되는 수업 내용이 조금씩 다르다. 달성해야 하는 교육 목적은 같지만 다양한 방식으로 접근하고 고민하고 실현해내는 점이 새로웠다.

　　유아학교에서 한 반의 구성은 같은 나이로만 이루어지지 않는다. 4~5세, 5~6세 등이 함께 섞여 있다. 이유는 크게 두 가지인데 어린 아이들은 큰 아이들을 보고 배우고, 큰 아이들은 어린 아이들을 보살피며 배운다. 그러면서 단체 생활에 쉽게 적응할 수 있고 작은 사회를 미리 경험할 수 있게 된다.

　　어린아이들은 같은 연령이라고 할지라도 생일에 따라 발달 차이가 있기 마련이다. 그러나 프랑스 유아학교에서는 수업의 테마가 다양하고, 연령대가 다른 아이들이 모여 있어 발달 차이는 의미가 없다. 또한 잘하고 못하고의 평가나 개념이 형성되지 않도록 클래스 구성부터 신경 쓰고 있다.

나탈리 선생님의 테마 — 감정

 나탈리Natahlie 선생님의 이번 학기 첫 번째 테마는 '감정'이다. 5~6세 아이들이 함께 구성된 모얀 섹시옹Moyen Section에서 진행하는 프로젝트다. 총 다섯 그룹으로 나뉘어 작업이 진행된다.

그룹1. 점토로 표정 만들기: 종이 위 얼굴에 점토로 네 가지 표정을 만들어본다.
그룹2. 감정을 표현하는 단어에 맞는 그림 그리기: 단어를 읽을 수 있는 6세 아이들과 함께하는 작업으로 프랑스 미술교육이 언어와 함께 연계되는 예이다.
그룹3. 물감을 이용해 네 가지 표정 만들기: 한 가지 색만 재료로 준비해 아이들이 표정 자체에 집중하고 차이점을 뚜렷하게 느끼게 한다.
그룹4. 다양한 재료를 이용한 봉투 가면 만들기: 다음 활동인 연극에 사용하기 위한 가면을 만들며 역할극을 상상하고 이야기한다.
그룹5. 콜라주에 사용할 재료 준비하기: 다음 활동인 표정 콜라주를 위해 잡지에서 모델들의 눈, 코, 입을 오려낸다. 표정을 좌우하는 중요한 부위가 무엇인지 이야기하며 진행한다.

* 수업시간에 사용한 동화책: 《Paul(폴)》

헬렌 선생님의 테마   달

헬렌Hélène 선생님의 이번 학기 첫 번째 테마는 '달'이다. 교실은 온통 달과 행성으로 가득 차 있다. 아이들이 달에 대한 테마에 푹 빠져 있는 것을 한눈에 알아챌 수 있었다. 달을 테마로 수업을 시작했을 때 여기저기에서 달 외의 행성에 대해 질문했고, 달에서 시작된 수업은 달이 아닌 다른 행성으로 옮겨갔다. 다른 행성에 대한 이야기를 하던 중 헬렌 선생님은 상상 속의 행성에 사는 '어린 왕자'를 소개하기도 했다.

아이들은 어린 왕자에 등장하는 장미와 여우에 관심을 보였고 장미도 만들어보았다. 또한 하늘 이야기를 하다 등장한 구름에 대한 관심은 에릭 칼Eric Karl의 《작은 구름Petit Nuage》으로 옮겨왔고, 구름에 대해 알아보던 중 구름의 투명도에 대해 조사하고, 직접 여러 소재를 통해 불투명함을 경험하는 작업을 한다. 이렇게 한 가지 테마에서 시작된 수업은 아이들의 관심도와 흥미에 따라 여러 주제를 함께 다루게 된다. 이러한 수업 방식을 '프로젝트'라고 부르는데 이 프로젝트 수업은 수업을 이끄는 선생님의 역량에 따라 그 결과가 상당히 달라진다. 선생님은 아이들의 호기심을 자극하고 관심을 이끌어내야 하는데, 간혹 프로젝트 수업이라는 명목으로 아이들에게 100퍼센트 맡겨놓으면 아이들은 방향을 잡지 못하고 시간만 보내는 경우가 많기 때문이다.

* 수업시간에 사용한 동화책: 《어린 왕자》, 《작은 구름》

안느 선생님의 테마   색깔공부

안느 Anne 선생님은 미술 작가들의 작품을 가지고 수업을 진행했다. 교실 곳곳에 작가들의 작품을 배치하고 그에 따라 아이들과 함께 수업을 진행하는 형식이다. 안느 선생님은 아이들의 발달 과정에 맞추어 그에 걸맞은 수준의 작품을 선택한다. 작품 선정은 전시회에도 가보고, 자료조사도 하며 연구한 후 결정한다.

안느 선생님의 프티 섹시옹 아이들은 색깔을 배우는 것이 학습 목표로 정해져 있다. 이에 따라 안느 선생님은 아이들이 미술 작가들의 작품과 기법을 통해 색깔을 자연스럽게 익힐 수 있도록 프로그램을 계획했다. 우리가 안느 선생님의 클래스에 참여했을 때는 파란색을 배우는 시간이었다. 선생님은 '인터내셔널 클라인 블루IKB'라는 색을 자신의 고유색으로 갖고 있는 작가, 이브 클라인Yves Klein을 소개했다. 아이들은 파란 물감과, 붓 대신 자동차, 블록, 비행기와 같은 장난감으로 작업을 시작했다. 아이들에게 물감은 붓으로만 칠하는 것이 아니라는 사실을 자연스럽게 알려주기 위해 여러 물건들을 가지고 그림을 그리는 것이다. 이러한 사고 전환을 통해 아이들은 여러 가지 가능성을 배우게 된다. 안느 선생님은 이런 사고 전환의 아이디어 또한 이브 클라인의 작업 방식에서 얻었다고 한다. 이브 클라인은 자신의 신체를 이용해 캔버스에 그림을 그리거나 붓이 아닌 페인트용 롤러를 이용해 작품 활동을 하기도 한다. 이렇듯 작가의 작업 방식까지 적용한 인상적인 수업이었다.

나만의 인형 '몽두두' 만들기 프로젝트

'몽두두Mon Doudou'는 프랑스어로 '내 인형'이라는 뜻이다. 일반적으로 인형을 가리키는 단어지만 아이들에게는 '애착 인형'이라는 의미가 더 강하다. 프랑스 아이들은 한 가지 인형에 애착을 갖고 낡을 때까지 가지고 다닌다.

프랑스 아이들의 유아학교 생활을 둘러보기 위해 프랑스를 다시 찾은 건 새 학년이 시작되는 9월경이었다. 그래서 새로 유아학교에 들어온 아이들의 적응 모습을 볼 수 있었는데, 그중 가장 기억에 남는 것이 교실마다 놓여 있는 보아 드 두두 Boite de Doudou 두두 상자였다. 교실에 도착한 아이들은 상자 안에 자신들의 애착 물건인 인형, 담요, 손수건, 노리개, 젖꼭지 등을 담고 자기 자리로 가서 앉았다. 그러곤 간혹 속상한 일이 있거나 집에 가고 싶거나 엄마가 보고 싶거나 할 때 두두 상자에서 자신의 두두를 꺼내 꼭 안으며 마음을 달랬다.

　　수업 중 갑자기 울음을 터뜨린 아나에게 선생님은 두두를 주며 혼자 앉아 있게 했다. 때가 타고 너덜너덜해진 담요를 꼭 안고 마음을 달래는 모습이 정말 귀여웠다. 울음을 억지로 멈추게 하기보다는 교실 구석에 혼자만의 자리를 마련해주고 두두와 함께 머물며 스스로 감정을 추스를 시간을 갖게 하는 모습이 신선했다. 5분 정도 흘렀을까. 아나는 스스로 울음을 멈추고는 자리로 돌아왔다. 이제 겨우 네 살인 어린아이지만 혼자

감정을 컨트롤할 수 있게 배려하는 프랑스 특유의 교육 방식을 볼 수 있었다.

아이들은 그렇게 몽두두에게 의지하고 위로받으며 낯선 환경에 적응하고 있었고, 또 선생님들은 이런 모습을 존중하고 허용하며 아이들을 기다려주었다.

이렇게 아이들에게 특별한 '몽두두'를 테마로 진행한 프로젝트도 있었다. 처음 이 아이디어를 낸 오헨리 선생님은 몽두두를 안고 있는 아이들의 모습을 담은 사진집을 보고 영감을 얻었다고 한다. 이 사진집에는 어린 아이부터 큰 아이까지 다양한 몽두두를 들고 행복한 표정을 짓고 있었다.

오헨리 선생님은 프티 섹시옹 아이들과 함께 사진을 찍고 페이지를 꾸미며 '몽두두' 사진집을 직접 만들어보기도 했다.

한국 아이들은 프랑스 아이들에 비해 애착 물건을 갖고 있는 경우가 많지 않은 듯하다. 너무 많은 인형을 사줘서일까? 아니면 프랑스 아이들이 유독 집착이 강한 걸까? 한때 프랑스 엄마들과 이 주제로 이야기를 나눈 적이 있다. 프랑스 아이들이 어떻게 몽두두를 만나는지, 언제쯤 만나는지 궁금했다. 단순한 호기심으로 시작한 이 궁금증은 육아방식의 차이에서 비롯된다는 결론을 얻어냈다.

프랑스에서는 신생아 때부터 따로 재운다

프랑스 부모들은 아이를 따로 재움으로써 부모만의 시간과 장소를 보장받는다. 그래서 생후 100일, 늦어도 6개월부터는 아기 혼자 잠을 자도록 한다. 그리고 혼자 잠이 드는 아기 옆에 인형 또는 노리개 젖꼭지, 담요 등을 둔다. 그러면 아이들은 밤에 잠에서 깨었을 때, 무서울 때, 엄마가 생각날 때마다 옆에 있는 물건을 만지고 냄새를 맡으며 안정을 찾고 위안받으며 혼자 있는 법을 배운다. 이런 식으로 함께 있어주는 나만의 몽두두가 자연스럽게 생기게 된다.

프랑스에서 만난 두 아이의 엄마는 둘째아이가 신생아일 때 밤에 자주 깨고 울어서 너무 힘들어 병원을 찾았다고 한다. 아기가 왜 우는지 어디가 아파서 그러는지 무척 걱정했는데, 의사의 처방이 의외였다. 아이의 울음소리가 들리지 않도록 아이를 멀리 떨어진 곳에 재우고 문을 닫으라는 것 아닌가. 그런데 그 결과 엄마는 밤새 푹 잤고, 아이도 3주가 지나면서부터는 밤에 깨지 않고 푹 잤다고 한다.

3주 동안이나 아이가 밤에 혼자 깨서 울게 하는 한국 엄마들이 얼마나 될까? 보통 강심장이 아니고서는 불가능한 일이다. 아이와 함께 잠을 자고, 살을 부비는 것을 더 자연스럽게 여기는 게 일반적인 한국 엄마의 모습이다.

아이를 혼자 재워 독립심과 자기조절력을 갖게 하는 프랑스 엄마, 아이와 함께 자면서 애착과 애정을 듬뿍 주는 한국 엄마. 어느 쪽이 옳고 그른지는 아무도 단언하지 못할 것이다. 그저 엄마와 아이의 성향에 맞추어 편안함을 느끼는 대로 하는 게 좋지 않을까?

Chapter 2

프랑스 부모와
아이들의
따뜻한 교감

L'art plastique et le dessin dans
le quotidien des familles françaises

13년째 한국에 살고 있는 프랑스 가정

올리비에 가족

TGV테제베 한국지사 엔지니어로 일하고 있는 엄마 크리스텔Kristelle과 웹 에이전시 대표인 아빠 올리비에Olivier는 13년째 한국에 머물며 두 아들을 키우고 있다. 이들의 자녀인 막상스Maxance와 놀란Nolan은 둘 다 한국에서 태어났고, 각자 태완, 태민이라는 한국 이름을 갖고 있다. 한국에 살고 있는 프랑스인 가정은 한국에서 어떤 모습으로 살고 있을까? 궁금한 마음으로 한남동에 자리한 크리스텔의 집을 찾았다. 일곱 살인 막상스와 다섯 살인 놀란은 현재 서래마을에 있는 서울 프랑스학교 유치원부터 고등학교 교육과정을 가르치는 프랑스 교육부 소속의 학교에 다니며 프랑스 문화와 언어를 배우고 있다.

프랑스학교는 방학이 1년에 다섯 번 있다. 2월, 4월, 10월, 12월에 각각 평균 2주의 짧은 방학을 하고, 7~8월에는 2개월간의 긴 여름방학을 한다. 여름방학을 제외하면 6주간 학교에 나가고 2주는 쉬는 식의 사이클이다. (한국과 비교하면) 이렇게 많고 긴 방학 동안 아이들은 과연 무엇을 할까? 막상스와 놀란은 방학이 되면 프랑스에 있는 할아버지 댁을 찾는다. 멀리 떨어져 있어 자주 볼 수 없으니 방학을 이용해서 할아버지를 만나러 가는 것이지만 모국인 프랑스의 문화를 접하게 함으로써 프랑스인으로서의 정체성을 지키기 위한 노력의 하나이기도 하다.

막상스와 놀란은 한국에서 태어나고 자랐지만 한국어를 하지 못한다. '파리에 여행을 가서 프랑스 사람에게 영어로 길을 물었는데 프랑스어로 대답하더라'라는 이야기를 들어본 적이 있을 것이다. 프랑스 사람들은 모국어에 대한 사랑과 자부심이 대단하다. 그래서 프랑스에서는 TV로 방영하는 외국 프로그램뿐만 아니라 극장에서 상영하는 외국 영화까지도 모두 프랑스어로 더빙하도록 법으로 정해져 있다. 또 프랑스 정부는 프랑스인들이 머무는 외국에 정부의 지원으로 프랑스학교를 설립해 자신들만의 교육과 문화를 외국에서도 누릴 수 있도록 하고 있다. 그래서 프랑스 사람은 어느 나라에 살든지 모국어인 프랑스어를 잘한다.

　　그렇다면 외국에서 태어난 한국 아이들이나 외국으로 이민 간 한국 아이들은 어떨까? '한국어는 못해도 괜찮으니 원어민처럼만 말해다오'가 대부분 한국 부모들의 마음일 것이다. 그래서인지 한국 교민이 사는 지역에서 한국 정부의 지원하에 한국의 교육제도로 운영되는 학교를 찾아보기 어렵다. 이런 실정 속에서 프랑스 정부가 자국에 살고 있는 국민들뿐만 아니라 타국에 거주하는 프랑스인들에게도 모국에 대해 자부심을 갖도록 다방면에서의 지원을 아끼지 않는 모습을 보면 괜스레 부러운 마음이 들기도 한다.

　　다른 프랑스 사람들처럼 크리스텔과 올리비에도 아이들이 프랑스인으로서 자랄 수 있도록 많은 노력을 기울인다. 그 중 하나가 프랑스의 동화책을 보여주는 것이다. 한국에서는 프랑스 동화책을 구하기가 쉽지 않아 주로 프랑스에 있는 친척이나 지인에게 부탁하거나 주한 프랑스문화원의 미디어 도서관을 이용한다. 그들이 이렇게까지 아이들에게 프랑스 동화책을 보여주고 싶어 하는 이유는 뭘까? 프랑스 동화책에는 그들만의 감성, 색감, 스토리가 있기 때문이다. 한마디로 표현하기 어렵지만 일반적으로 한국 동화책과 비교했을 때 가장 쉽게 눈에 띄는 점으로는 어두운 계열의 색을 사용한다는 것을 꼽을 수 있다. 이런 다양한 컬러의 사용이 아이들의 여러 감성을 자극한다. 또한 이들은 박물관이나 미술관을 자주 찾는다. 한국에서 영어 또는 프랑스어로 진행되는 다양한 클래스가 없기 때문에 그저 보여주는 것만으로도 충분한 박물관이나 미술관을 찾게 되는 것이다.

한국에서 직장 생활을 하는 크리스텔과 올리비에는 여느 한국 사람들처럼 근무시간이 길기 때문에 두 아이와 많은 시간을 함께하지는 못한다. 대신 저녁 시간과 주말은 되도록 아이들에게 집중하기 위해 노력한다. 특히 미술놀이를 하며 아이들과 대화를 나누고 친밀감을 높인다. 이때 미술놀이는 주로 아이들이 주도한다.

크리스텔의 집을 방문했을 때는 마침 막 미술놀이를 시작하려는 참이었다. 막상스는 물감으로 그림을 그리고 있었고, 놀란은 종이 접기를 위해 색종이를 꺼내 펼쳐놓고 있었다. 놀란이 색종이를 꺼내자 그림을 그리던 막상스가 놀란 옆으로 와 종이 접기를 같이 하기 시작했다. 평소와 다름없이 아이들이 직접 미술놀이를 선택하고 시작한 것이다. 재미있었던 것은 막상 종이 접기를 시작하자 아이들보다 엄마, 아빠가 더 집중하는 모습을 보이는 것이었다. 그동안 집에서 아이랑 자주 미술놀이를

해왔지만 완벽하게 집중하지 못했다는 사실을 이들 부부를 보고 깨달았다. 아이에게 여러 놀이를 제공한다는 의미가 더 커서였을까? 대체로 아이가 미술놀이를 하는 모습을 지켜보는 입장에 있었던 것이다. 그리고 가끔은 아이가 집중하는 시간을 틈타 잠시 집안일을 하거나 쉬기도 했다. 하지만 이 가족은 놀이뿐만 아니라 시간도 100퍼센트 공유하고 있었다. 엄마, 아빠가 집중한 만큼 아이들도 집중했고, 함께 즐겼다. 또 한 가지 흥미로웠던 점은 활달한 성격인 놀란의 변화였다. 직접 선택한 놀이여서인지, 가족들이 모두 집중해서인지 놀이가 시작되자 평소와 달리 놀란이 놀이에 굉장히 집중해서 참여하고 있었다.

이 가족의 거실 벽에는 즐거운 미술놀이를 통해 얻은 걸작들이 잔뜩 걸려 있다. 막상스와 놀란이 직접 그린 그림들이다. 올리비에 가족은 미술놀이가 끝나면 아이들이 직접 그림을 걸고 또 먼저 걸었던 그림에 대해 이야기를 나눈다. 또한 집에 놀러 오는 친구와 친척들에게 그림을 소개하기도 한다. 이러한 활동은 아이의 자존감을 높일 뿐 아니라 자신들이 존중받고 있다고 느끼게 해주는 아주 귀중한 기회다.

직접 느끼고 생각하기

자비에 가족

우리는 엄마 샤를로트Charlotte와 아빠 자비에Xavier, 딸 리제트Lisette, 아들 마르셀Marcel이 살고 있는 프랑스 북부의 바이욜Bailleul로 향했다. 이들의 집은 시내에서 약간 벗어난 곳에 자리 잡은 프라이빗한 단지형 주택이었다. 보안도 잘되어 있고, 조용하고 안전한 환경이 마음에 쏙 들었다. 현대식 3층 주택은

깔끔했고 정원은 아이들이 맘껏 뛰놀 수 있을 만큼 넓었다. 리제트는 예쁜 튜튜를 입고 밝게 웃으며 우리를 맞이했고, 마르셀은 부끄러운 듯 수줍어하며 엄마 뒤로 숨어서는 빼꼼 고개를 내밀었다. 하지만 우리가 방문한 이유를 이야기하자 아이들은 서로 자신의 그림을 소개하느라 분주해졌다.

우리가 자비에 가족을 만난 날은 아이들이 학교에 가지 않는 수요일이었다. 프랑스에서는 수요일에 학교에 가지 않고, 승마나 서커스, 무용, 음악 등 다양한 클래스에 참여한다. 이런 클래스는 1년 단위로 등록해 1년간 꾸준히 배우게 된다. 그래서 클래스를 선택할 때 아이의 의견이 아주 중요하다. 아이들의 의견을 무시하고 등록하면 1년간 꾸준히 참여하기가 힘들기 때문이다. 이렇게 1년 단위로 클래스를 정하고 꾸준히 참여하는 과정에서 자신의 흥미도 알아가고, 한 가지 활동에 집중할 수 있다는 점에서 좋은 제도인 듯싶다. 더 좋은 점은 이런 클래스 참가비가 1년에 약 20만 · 50만 원 정도라는 것이다. 한국에서 한 달 학원비에 해당하는 비용으로 1년간 배울 수 있다는 것이 아이를 키우고 있는 엄마로서 정말 부러웠다.

샤를로트는 유아학교 선생님이다. 마찬가지로 수요일에는 수업이 없기 때문에 집에서 아이들과 함께 시간을 보낼 수 있다. 자기 일도 하면서 아이들과 많은 시간을 함께할 수 있는 선생님이라는 직업이 참 좋아 보였다. 샤를로트 역시 자신의 직업에 아주 만족하고 있었다. 학교 이야기를 할 때면 반짝반짝 빛나는 눈이 모든 것을 말해주었다.

　유아학교 선생님을 엄마로 둔 아이들은 어떨까? 문득 프랑스의 선생님은 가정에서 어떤 부분을 가장 중요하게 생각하고 생활하는지 궁금해졌다. 하지만 함께하는 동안 살펴본 샤를로트는 그저 아이들의 이야기를 들어주고 아이들과의 놀이 시간을 즐기는 평범한 엄마였다. 그럼에도 선생님이라는 샤를로트의 직업이 아이들에게 장점인 것은 분명했다.

　1층 거실 바로 옆에 있는 핑크색 벽의 놀이방은 엄마 샤를로트가 마련한 공간으로 리제트와 마르셀 그리고 샤를로트 자신을 위한 곳이었다. 그 방에서 샤를로트가 학교 수업을 준비하는 동안 아이들은 바로 옆에서 놀이를 하거나 그림을 그린다. 또 그곳에서 샤를로트는 자신이 준비한 수업을 미리 아이들에게 테스트해보기도 한다. 리제트와 마르셀은 자신들의 방에서 놀이를 하기에는 아직 어리기 때문에 엄마, 아빠와 함께 이곳에서 시간을 보내는 것에 더 익숙했다.

　놀이방 곳곳에는 유아학교에서 그리거나 만든 미술 작품이 정리되어 있고, 아이들이 쉽게 꺼낼 수 있도록 잘 보관되어 있었다. 이 방에서 이야기를 나누는 동안 아이들은 계속 자신들의 작품을 꺼내 보여주느라 바빴다.

　집 안 곳곳을 정신없이 구경하다가 다시 놀이방에 갔을

때 리제트와 마르셀은 역할놀이에 빠져 있었다. 병원놀이를 할 때는 리제트가 "인형이 환자고, 엄마는 간호사야"라며 각자의 역할을 정해주었다. 학교놀이를 할 때는 리제트가 선생님 역할을 맡았는데 아직 글자를 모르지만 엄마의 출석부에 적힌 아이들의 이름을 따라 써가며 자기만의 출석부를 만들기도 했다. 샤를로트는 리제트와 마르셀에게 일상생활 속의 장면을 재현하는 역할극을 자주 제안한다. 이를 통해 샤를로트는 아이들의 언어 발달을 돕고 또 그 상황 속에서 아이들이 표현하는 감정을 통해 평소 미처 몰랐던 아이들의 마음을 파악한다.

아빠 자비에는 한국의 보통 아빠들처럼 회사에서 일이 늦게 끝나는 편이라 아이들이 잠들기 직전에야 집으로 돌아온다. 하지만 잠자리에서 아이들에게 책을 읽어주는 것만큼은 빼놓지 않는다. 특히 주말이나 바캉스 시즌이 되면 온전히 아이들과 함께하는 생활 패턴으로 바뀌는데, 매주 온 가족이 함께 즐기고 산책하는 시간을 갖는다. 특히 사비에가 주말이나 바캉스 시즌에 여행을 떠날 때면 아이들의 가방에 잊지 않고 챙기는 것이 있다.

바로 '카이에 드 비 Le Cahier de Vie'다. 카이에 드 비는 아이들이 발견한 것들과 아이들과 함께한 순간들을 기록하고 사진을 붙이는 노트다.

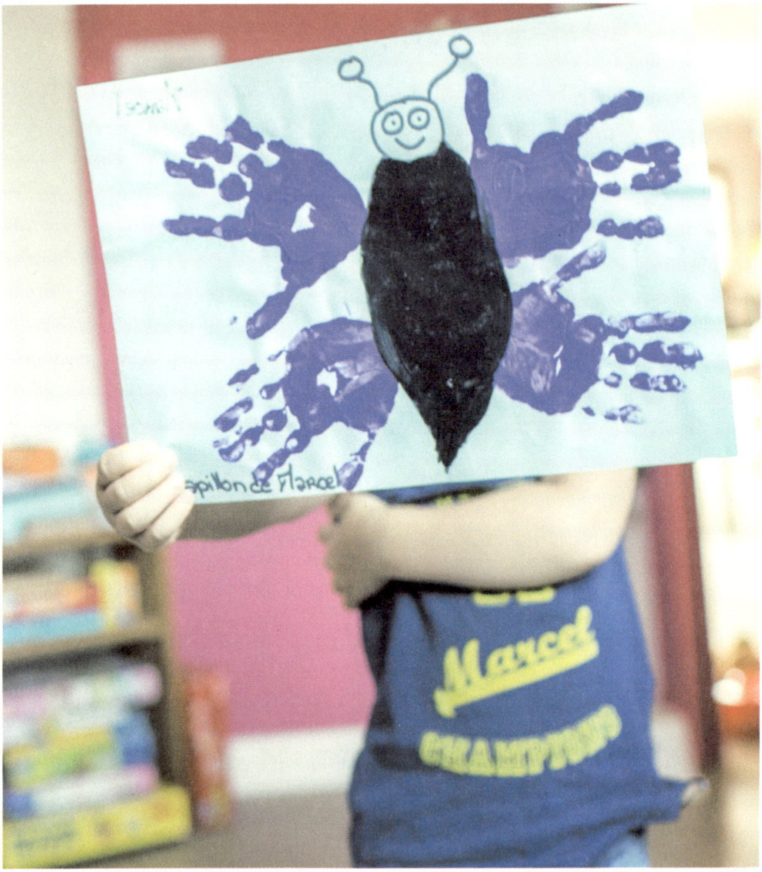
apillon de Marcel
Marcel

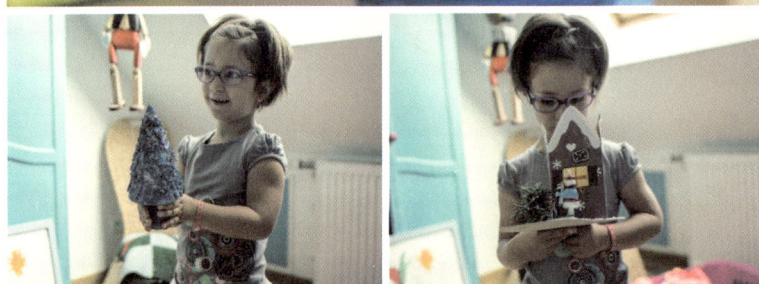

이 노트는 학교와 가정에서 함께 만들어가는데 학교에서는 아이들이 뭘 배우고 어떤 활동을 했는지, 가정에서는 주말과 바캉스를 어떻게 보냈는지 기록한다. 학교와 가정에서의 모습이 담긴 이 노트는 마치 성장일기와도 같아 절대 버릴 수 없는 소중한 자료가 된다. 1년 동안 만난 친구들과 선생님들, 가족과의 추억이 고스란히 담겨 있으니 그럴 수밖에 없을 것 같다.

리제트가 두 살 때 직접 그린 그림을 소개해주었다.

"아빠 생일 선물로 그린 그림이에요! 물론 아이디어는 엄마가 냈지만 제가 붓이랑 포크로 그렸어요!"

이 멋진 선물은 아직도 아빠와 엄마 방에 걸려 있고, 리제트는 이 점을 아주 자랑스러워하며 우리에게 이야기해주었다. 샤를로트는 가족이나 친척 생일 때 아이들과 직접 만들어 선물을 하는데, 직접 만들면 돈을 주고 사는 것과는 비교할 수 없을 정도로 가치가 높아질 뿐만 아니라 준비하는 동안 아이들과 선물을 받는 사람과의 관계도 돈독해지고, 아이들의 창의력이나 표현력도 성장하게 된다.

리제트는 특히 고모 마리에게 그림을 그려 깜짝 선물 하는 것을 좋아한다. 고모 마리와 리제트는 함께 그림 그리기를 즐기는데 리제트는 고모와 함께 그린 고래 그림을 액자에 넣어 자신의 방에 간직하고 있었다. 샤를로트는 엄마, 아빠 외에도 가까운 친척이나 이웃과 좋은 관계를 형성하고 시간을 함께 보내는 것이 아이들에게 개방적인 마인드와 다른 사람에 대한 호기심을 자극할 수 있는 좋은 방법이라고 이야기한다.

주방에서 엄마 샤를로트가 미술놀이를 준비하기 시작했다. 아이들과 집에서 간단하게 할 수 있는 미술놀이는 새로운 표현 양식을 발견하고 호기심을 자극한다. 샤를로트가 오늘 준비한 미술놀이의 준비물은 흰 도화지와 검은색 목탄, 지우개다. 먼저 흰 도화지 전체를 검은 목탄으로 칠하고 지우개로 문지르면 그림이 그려지는 방식이다. 도화지에 목탄을 칠하며 검게 된 손도 아이들에게는 재미있는 경험이고, 또 그림을 지우는 데 사

용한다고 알고 있던 지우개로 그림을 그릴 수 있다는 것도 아이들에게는 새로운 경험이 될 수 있다.

샤를로트가 우리에게 정원을 안내하는 동안 리제트와 마르셀은 정원에 있는 작은 오두막을 금세 놀이방으로 변신시켰다. 정원은 아이들에게 다양한 놀이를 제공하는데 특히 마르셀에게 정원은 모험의 장소다. 마르셀은 여러 가지 트랙터를 모으는 트랙터 컬렉터라고 한다. 아이들은 자연을 유심히 관찰하기도 하고, 달팽이를 잡기도 하고, 낙엽을 모으기도 했다. 또 딸기를 따서 엄마와 함께 직접 잼을 만들기도 했으며, 작은 동물 보살피는 것을 좋아해 작은 거북을 돌보기도 했다.

정원 곳곳을 뛰노는 아이들을 바라보며 샤를로트는 말했다.

"항상 아이들이 스스로 발견하고 세상에 대해 직접 느끼게 해주려고 노력해요. 스스로 발견하고 직접 느끼는 것은 아이들에게 가장 쉽게 설명하고 이해시키는 방법일 뿐만 아니라 아이들 스스로 감각을 발견하게 하는 방법이죠."

일상생활, 발견, 나눔에 대해 항상 기쁜 마음을 갖고 살아가는 예쁜 가족, 부모와 아이들 간의 긍정적인 커뮤니케이션이 이루어지는 행복한 가족의 미소가 아름답다.

일상이 창의성의 놀이터

헤미 가족

한국인 민화 씨는 프랑스인 헤미Remi를 만나 결혼, 여덟 살 루이스Louis, 다섯 살 레오Léo와 함께 프랑스 릴의 피브Five 지역에 살고 있다. 프랑스에 살고 있는 한국인과 프랑스인 가정에서 한국 문화가 어떻게 공존하고 있을까 하는 궁금한 마음으로 10월의 어느 일요일 헤미 가족을 만나러 갔다. 프랑스에서 오래 생활한 민화 씨지만 실내에서 신발을 벗는 한국 문화를 간직하고 있었다. 그리고 프랑스 가정집 식탁 위에 한국 과자가 반갑게 우리를 맞이하고 있었다.

루이스와 레오는 우리가 자리에 앉자마자 자신들이 직접 만든 작품을 소개하기 시작했다. 레오가 유아학교에서 만들었다는 '우리 집'은 박스를 재활용한 훌륭한 작품이었다. 집을 천천히 살펴보았는데 그 섬세함에 감탄이 절로 나왔다. 17번지라는 주소 표시에서부터 창문, 벽돌의 미세한 반짝임, 지붕에 얹힌 기와 하나까지 어찌나 꼼꼼하고 세밀하게 표현했는지 다섯 살 아이의 작품이라고는 믿기 어려울 정도였다. 또 작품 속에서 레오는 과감한 얼룩무늬 팬츠를 입고 있었다.

민화 씨는 아동심리상담가이고, 헤미는 국제학교의 지리 선생님이다. 그래서인지 두 아들을 교육하고 커뮤니케이션하는 데 전혀 어려움이 없어 보였다. 그들은 아이들을 존중했고, 아이들이 여러 문화를 충분히 즐길 수 있도록 지원하고 있었다. 특히 자녀 교육에 있어 부부가 중요하게 여기는 것은 아이들이 자연스럽게 탐색하고 뭔가 만들도록 내버려두는 것이라고 한다.

"아이들이 직접 뭔가를 탐색하고 생각하고 만들어내는 순간이 가장 중요해요. 그 순간을 놓치면 안 돼죠."

헤미는 "목욕은 다른 이유로 미룰 수 있지만 아이들의

창의력이 자라는 순간만큼은 그 시간을 놓치면 다시 올 수 없다"고 이야기한다.

거실 창문 앞에 놓인 긴 책상은 아이들의 미술놀이 공간이다. 긴 책상에는 여러 미술놀이에 필요한 재료들이 가득했다. 하지만 민화 씨는 아이들의 미술놀이가 꼭 이곳에서만 이루어지도록 제한하지는 않는다고 했다.

"집 안 어디서든, 또 언제든 장소나 시간에 구애받지 않고 아이들이 미술놀이를 할 수 있도록 하고 있어요. 왜냐하면 아이들은 일상생활 속에서 순간순간 아티스트로 변하기 때문이죠."

책장에는 프랑스 동화책을 비롯해 한국 동화책, 만화책 등이 꽂혀 있었다. 민화 씨는 아이들이 직접 책을 골라 읽도록 했는데 어느 순간 자기가 좋아하는 책만 보는 것을 알고는 아이디어를 냈다. 아이들에게 보여주고 싶은 책을 소파나 식탁에 무심히 펼쳐놓는 것이다. 그랬더니 아이들이 무슨 책인지 궁금해하며 책을 펼쳐보았다. 특히 큰아들 루이스는 한 번 읽기 시작한 책은 끝까지 독파하는 습관이 있어 엄마가 펼쳐놓은 책도 한 번 잡으면 끝까지 읽는다고 하니 엄마 민화 씨의 아이디어가 성공한 셈이다.

민화 씨 집에는 텔레비전이 없다. 가족들이 함께 이야기하며 보내는 시간을 더 많이 가질 수 있도록 하기 위해 텔레비

전을 없앤 것이다. 텔레비전을 보는 대신 엄마, 아빠와 아이들이 창의력을 위한 '프로젝트'를 함께 진행하는데 엄마, 아빠는 프로젝트를 제안하고, 아이들은 아이디어를 제공한다. 민화 씨와 헤미는 종종 각자 얻은 다양한 정보를 공유하며 아이들의 양육방식에 대해 의견을 나누곤 한다. 이런 과정은 두 아들과의 관계에 큰 도움이 된다.

프랑스 가정의 거실은 아이들만을 위한 공간이 아니다. 이 부부 역시 거실은 부모와 아이들 모두를 위한 공간이라고 생각하기 때문에 거실을 아이들의 장난감으로 가득 채우지 않았다. 거실장에서 한 칸 정도만 아이들의 보물이나 작품, 장난감 등을 넣어둘 수 있도록 했는데 이것은 아이들의 장난감, 작품, 책이 거실 여기저기에 널브러져 있지 않게 하기 위해서다. 따라서 아이들은 자연스럽게 '거실은 엄마, 아빠와 함께 사용하는 공간'이라는 개념을 갖게 된다. 엄마, 아빠가 아이를 챙기고 이해하려고 하는 만큼 아이들 역시 엄마, 아빠를 배려하고 존중해야 한다는 것을 배우게 되는 셈이다.

레오와 루이스는 부모님의 적극적인 지지 속에서 뭔가를 만들어내는 것에 주저함이 없다. 아이들은 그림 그리기나 종이 접기 등을 하며 엄마, 아빠에게 자신들의 작품, 그림, 색감에 대한 의견을 묻고 부모의 이야기에 귀를 기울인다. 민화 씨는 아이들의 작품을 멋지게 벽에 걸어두고 할머니, 할아버지,

친구, 이웃이 방문할 때마다 소개한다. 아이들이 자신의 작품에 대한 가치를 인정하고 자존감을 갖도록 격려하는 것이다.

특히 루이스는 아이디어가 풍부한 데다 어렸을 때부터 자신의 생각을 구체화시키는 것을 좋아했다. 한번은 루이스 혼자 두 장의 흰 종이에 로봇의 앞뒷면을 각각 그려 붙인 다음 그 사이에 솜을 넣어 볼륨감을 만들어냈다. 자기만의 종이 인형을 만든 것이다. 또 루이스는 닌텐도 게임기를 갖고 싶어 했는데 엄마, 아빠가 사주지 않자 로켓 모양의 플립 북과 게임 이미지가 담긴 자신만의 게임 책을 만든 적도 있다. 루이스의 기발한 작품들을 감탄하며 보고 있는데 이번에는 루이스가 직접 박스와 원목 그리고 셀로판테이프로 만든 탁구채를 가져와 보여주었다. 탁구채에 그림까지 그려 자신만의 탁구채로 탄생시킨 훌륭한 작품이었다. 헤미 가족은 이 탁구채로 주방의 식탁에서 탁구 시합을 벌이기도 한다.

이렇게 루이스는 때로는 발명가처럼, 때로는 목수처럼 능수능란하게 자신의 아이디어를 표현해냈다. 이러한 점은 아빠의 영향을 많이 받은 듯하다. 한번은 아빠 헤미가 주방에서 정원 쪽으로 나갈 수 있는 출입문을 직접 만드는 공사를 한 적이 있었다. 이때 헤미는 나무바닥을 깔아 아이들의 놀이공간을 만들어주었다. 평소 아이들이 바닥에 엎드리거나 누워서 노는 모습을 보고 생각해낸 아이디어다. 이렇게 뚝딱뚝딱 고치고 만

들어내는 아빠의 모습이 루이스에게 영향을 준 것은 아닐까?

레오는 음악에 흥미가 있다. 헤미 가족은 페루의 마라카스, 아프리카의 젬베, 남아메리카의 피리 등 여행지에서 기념품으로 사온 악기들로 즉석에서 연주회를 열었다. 레오의 지휘하에 말이다. 레오는 유아학교에 가지 않는 매주 수요일이면 시에서 운영하는 포보그 데 뮤지크 Faubourg des Musiques라는 음악 클래스에 참여한다. 이곳은 악기를 배우는 것보다는 음악 듣기에 많은 비중을 두고 있다. 수업을 통해 아이들은 음악을 감상하는 즐거움을 알아간다. 또 이곳에서는 처음부터 한 가지 악기를 정하지 않고 여러 악기를 접하도록 하고 있다. 음악 자체를 즐길 수 있게 하는 게 주 목적인 것이다.

반면 루이스는 음악보다는 스포츠에 관심이 많다. 그런 루이스가 선택한 수요 클래스는 농구! 2년째 토요일마다 농구 클럽에서 경기를 하고 있다. 아빠는 이런 루이스를 위해 정원에 농구 바스켓을 설치해주었고, 그 후 루이스는 정원에서 농구를 하며 많은 시간을 보내고 있다.

작은 정원이지만 이 정원에서 루이스와 레오는 계절의 변화도 느끼고 자연을 아주 가까이 관찰할 수 있는 좋은 기회를 갖는다. 배나무와 사과나무도 키우고 있는데 과일이 익으면 직접 따기도 하고 그 과일로 엄마, 아빠의 도움을 받아 디저트를 만들기도 한다. 이날도 레오는 정원에서 배를 따 아빠와 함께 '배 타르트'를 만들기 시작했다. 레오는 제법 능숙하게 배를 잘랐다. 하지만 배를 자르다가 그 속에 있는 벌레를 보고는 겁을 먹고 징그러워하는 모습은 마냥 어린애였다. 그 와중에도 레오는 벌레를 자세히 관찰하고 있었다. 자연 관찰 백과에서나 볼 수 있는 벌레를 실제로 보다니, 이 모든 순간이 아이들에게는 감성을 발달시키는 소중하고 특별한 시간으로 느껴졌다.

이 가족은 일요일마다 산딸기와 버섯을 수확하러 숲 속으로 간다. 우리도 가족을 따라 숲 속 길을 걸었다. 발걸음을 옮기며 주의 깊게 딸기와 버섯을 찾는 가족의 모습이 마치 귀한 보물이라도 찾고 있는 듯했다. 특히 아이들이 굉장한 집중력을 보이며 숲 속에 숨은 버섯들을 찾아냈다.

이렇게 집 안이 아닌 숲 속 산책이나 트레킹 같은 야외 활동은 가족 간의 유대감을 키우는 데 효과적이다. 이런 끈끈한 유대감과 부모의 열정적이고 개방적인 양육방식 안에서 루이스와 레오는 건강하게 자라고 있었다. 엄마, 아빠는 아이들이 어린 시절에 누릴 수 있는 '발견의 기쁨', '모험심', '놀라움'을 온전히 느끼게 해주고 싶다고 했다. 이를 통해 아이들이 적극적이고 창의적이며 긍정적인 어른으로 성장하는 것, 무엇보다 다양성을 인정하고 행복해지는 것이 이 부부의 바람이다.

온 집 안이 화실

로익 가족

로익Loïc 가족은 프랑스 북부 보방Vauban에 있는 19세기에 지어진 쿠헤Courée라는 공동주택에 살고 있었다. 쿠헤는 옛날에 서민들이 모여 살기 위해 지은 일종의 빌라였다. 오래된 것을 익숙하게 받아들이고, 그것을 잘 보존하면서 자부심을 갖고 살아가는 프랑스의 일상을 느끼며 설레는 마음으로 그의 집을 찾았다.

　　로익의 집은 단순한 주택이라기보다 거대한 문화재 같았다. 옆집과는 작은 정원으로 이어져 있었고, 붉은 벽돌은 오랜 세월의 흔적을 고스란히 간직해 특유의 멋진 컬러를 띠었다. 프랑스에는 100년 넘은 집이 아주 흔하다. 얼마 전 프랑스인 친구가 한국에 방문했을 때였다. 우연히 종로 경희궁 근처를 지나다가 재건축 아파트 현장을 보게 됐다. 프랑스인 친구는 깜짝 놀라며 왜 오래된 건물을 없애고 똑같이 생긴 아파트를 짓느냐고 물었다. 오래된 집을 그대로 유지하고 함부로 허물지 못하는 프랑스와는 너무나 다른 모습이었기 때문이다. 이야기가 가득한 100년 넘은 집에 사는 아이들의 감성은 다닥다닥 붙은 아파트에 사는 아이들의 감성과는 다르지 않을까? 각기 다른 모습으로 각기 다른 이야기를 간직한 프랑스의 오래된 집들이 그 어떤 문화재보다도 더 멋있어 보였다.

　　아빠 로익은 편집 디자이너이다. 순수 예술을 전공한 엄마 샤를로트Charlotte는 섬세하고 호기심 많고 표현력이 풍부했다. 샤를로트의 어머니는 빈티지 포스터를 발굴하는 일을 했고, 아버지는 유명한 프로젝트를 진행한 예술가였다. 이처럼 예술가 할머니와 할아버지, 그리고 예술을 전공한 엄마의 영향을 받으며 아이들은 좀 더 자유롭게 표현하고 느낄 수 있는 환경에서 자라고 있었다.

일곱 살 휴고Hugo, 세 살 티메오Timéo는 우리를 웃는 얼굴로 반갑게 맞아주었다. 여느 아이들처럼 수줍어하거나 낯설어하지도 않고 인사를 나누고는 자신들의 그림을 가져와 소개하기 시작했다. 휴고가 들고 온 그림들은 그가 요즘 푹 빠져 있다는 로봇과 포켓몬 그림이 대부분이었는데, 로봇의 작은 부분까지 섬세하게 표현되어 있고, 그림 속 로봇의 이름도 직접 지었다며 자랑스러워했다. 티메오도 그림으로 가득 찬 노트를 가져왔는데 형 휴고의 영향을 받아서인지 로봇 그림이 대부분이었다. 샤를로트는 아이들이 자유롭게 이야기할 수 있도록 내버려 두고 우리에게 아이들 가방에 들어 있는 각자의 노트를 가져와 보여주었다. 이 노트는 함께 외출했을 때 레스토랑, 자동차 등에서 아이들이 기다리는 동안 시간을 보낼 수 있도록 마련해준 것으로, 항상 가지고 다닌다고 했다.

샤를로트에게 특별히 소개해줄 만한 미술놀이를 물었더니, 주저 없이 대형 포스터를 꺼내 왔다. 샤를로트가 포스터를 바닥에 내려놓자 휴고와 티메오는 바로 그 위에 그림을 그리기 시작했다. 평소 샤를로트와 휴고, 티메오는 함께 그림이 그리고 싶어질 때면 이렇게 큰 포스터를 펼쳐놓고 그림을 그린다고 한다. 여섯 개의 손이 바삐 움직이며 서로의 작업에 집중하느라 조용해졌다. 샤를로트는 매번 사인펜, 크레용, 유화물감 등 다양한 재료를 아이들에게 제공한다. 여러 재료로 다양하게 표현하고,

각 재료가 주는 서로 다른 느낌들이 어우러졌을 때 의외의 효과를 얻을 수 있기 때문이다. 하지만 그보다 중요한 것은 아이들이 경직되지 않고, 자유롭고 자연스럽게 작업하는 것이라고 덧붙였다. 그런 순간 속에서 아이들은 우연히 새로운 표현 방법을 찾아내고, 의도치 않은 결과물을 보여주게 된다.

대형 포스터 위에서 휴고와 티메오는 평소 성향을 그대로 보여주고 있었다. 과감하고 의젓한 형 휴고는 망설임 없이 포스터 위로 올라가 중앙에 자리를 잡았고, 형의 자리를 빼앗기엔 아직 어린 티메오는 가장자리에서 작게 그림을 그렸다. 샤를로트는 이렇게 셋이 함께하는 작업을 특별하게 여긴다.

"한 장의 포스터에 함께 그림을 그리기 때문에 그림을 그리면서 서로 의논하고, 그림을 다 그린 후에도 그림에 대해 서로 이야기를 나눠요. 저는 그 과정이 참 좋아요. 하지만 무엇보다 중요한 것은 그저 이 순간을 즐기는 거예요."

작업을 모두 마친 뒤에는 그림을 벽에 걸어둔다. 이미 작업한 포스터를 보여주었는데 흰 벽에 큼직하게 붙어 있는 포스터가 정말 멋졌다. 다양한 재료와 세 사람의 손길이 묻어 있는 세상에서 가장 멋진 포스터라고 말할 수 있을 만큼!

휴고와 티메오는 자신들의 방을 보여주겠다고 했다. 먼저 티메오의 방에 들렀다. 방 앞에 서자 티메오가 자신의 방문을 자랑했다. 칠판 페인트로 칠해서 분필로 자유롭게 그림을 그

릴 수 있도록 만든 문이었다. 티메오는 곧 휴고와 함께 다이내믹하고 자유롭게 멋진 그림을 그려냈다. 휴고의 방에도 그림을 그릴 수 있는 칠판이 있었다. 한 면은 분필, 한 면은 사인펜을 사용하는 이젤 모양의 칠판이었다. 사이좋게 한 면씩 자리 잡고 집중하는 모습이 정말 귀여웠다. 집 안 모든 곳에 아이들이 그림을 그릴 수 있는 공간이 마련되어 있는 것 같았다.

    이외에도 샤를로트는 아이들과 지역 내 도서관과 미술 박물관을 자주 찾는다. 미술 박물관은 스마트 기기를 활용해 작품을 설명하고 체험할 수도 있도록 되어 있는데 이를 통해 아이들은 예술에 쉽게 접근하고 친숙하게 즐길 수 있다. 전시회가 자주 열리는 라 갸흐 생소베르La Gare Saint-Sauveur는 가족 단위로 방문하기 좋은 곳이라 주로 주말에 즐겨 찾는다. 기차역이었던 곳을 문화 공간으로 탈바꿈해 운영하고 있는 곳이다. 또 자주 가는 곳 중 하나가 구테 콘서트Goûters Concerts다. 한국어로는 '간식을 제공하는 콘서트'라는 뜻이다. 아이들과 함께 음악을 즐기면서 가벼운 춤도 출 수 있는 편안한 콘서트인데 무료다.

    아이들은 학교에서 자연 활동을 많이 한다. 그래서인지 두 아이 모두 학교 가는 게 아주 즐겁다고 말한다. 휴고는 학교에서 음악, 미술, 영어, 스페인어, 독일어 등 다양한 과목을 공부한다. 그런데 독특한 점은 언어를 습득하기 위한 목적보다는 다양한 언어에 대한 흥미, 호기심을 불러일으키기 위한 목적으로 가르치고 있다는 것이다. 이를 위해 학교에서는 특별히 매주 토요일 오전, '유럽의 아침'이라는 프로그램을 운영한다. 아이들에게 유럽의 다른 나라를 소개하고, 각 나라의 간단한 인사말을 가르치며, 그 나라의 음식을 만들어보는 쿠킹 클래스도 진행한다. 공부를 목적으로 다가가는 것이 아니라 아이들의 호기심을 자극하고, 언어에 재미를 느끼게 하고, 각국의 음식까지 체험할 수 있도록 한 이 멋진 프로그램은 교장인 미셸 보당의 제안으로 시작되었다. 이 프로그램에 대해 해당 학교뿐만 아니라 지역 사회의 학생들과 학부모들의 반응도 뜨거웠다. 지역신문에 이 프로그램에 대한 기사까지 나왔을 정도니 그 인기가 어느 정도였는지 알 만하다.

    샤를로트와 로익은 아이들이 직접 체험하도록 기회를 제공하는 개방적인 부모다. 그들은 아이들 스스로 깨우치고 발견하도록 하는 것이 가장 중요하다고 생각한다. 또한 부모, 아이 모두 서로를 하나의 인격체로서 존중한다.

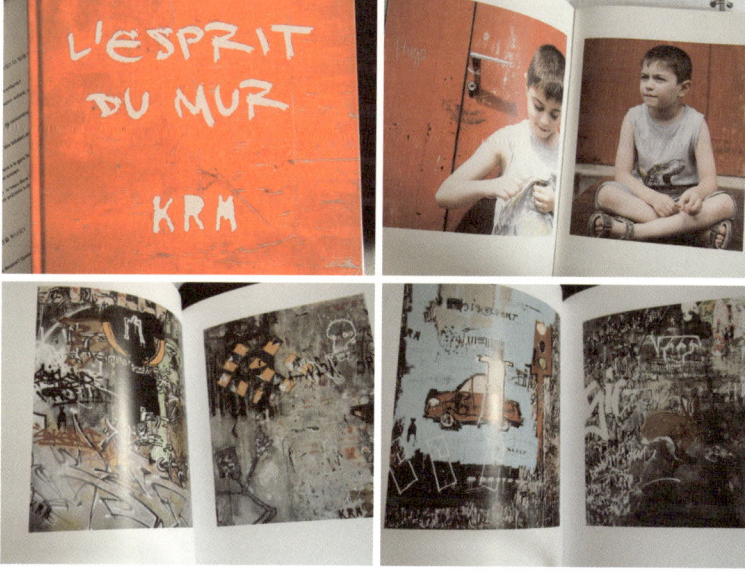

음악과 미술의 아름다운 만남

기욤 가족

프랑스 북부 릴에서 약 20분 정도 떨어진 작은 마을 셰렝Chéreng의 아담하고 예쁜 집에서 기욤 가족을 만났다. 조용하고 차분한 마을의 분위기처럼 그들 가족도 단란하고 평화로웠다. 아빠 기욤Guillaume과 엄마 파니Fanny는 모두 프리랜서로 활동하고 있다. 기욤은 음악가로 밴드의 음악과 개인 수업을 지도하고 있고, 파니는 인테리어 디자이너로 집에 작업실을 마련해 일을 한다. 각자의 일을 열정적으로 하는 이 부부는 함께하면서도 서로를 방해하지 않도록 조용한 시간을 갖는 것을 중요하게 생각했다.

기욤의 집은 빈티지 가구와 소품을 활용한 '레트로 빈티지' 콘셉트로 꾸며져 있었다. 전체적인 분위기는 엄마 파니처럼 부드러우면서도 환한 느낌이다. 파니는 집 근처 또는 프랑스 전역을 돌며 빈티지 가구와 소품 찾는 일을 즐기는데, 특히 방학 때는 프랑스 소도시나 주말에 마련되는 작은 빈티지 플리마켓을 찾아간다. 테이블에는 작은 빈티지 스탠드가 놓여 있고, 벽과 계단에는 빈티지 소품들이 빛을 발하고 있다.

파니는 다섯 살 세라팡Séraphin과 최대한 많은 시간을 함께 보내려고 노력하는데, 특히 미술놀이에 많은 시간을 할애한다. 세라팡과 함께 사바나 대초원의 동물들을 재활용 박스로 만들거나, 패브릭 조각을 이용해 걱정 인형을 만들거나, 털실을 붙여 장난감을 만들기도 한다. 또 세라팡에게 좀 더 다양한 테마와 재료를 제공하고 싶어 얼마 전부터 마코코 박스를 구독하고 있다.

마코코 박스는 매달 배달되는 미술놀이 패키지로 달마다 다른 테마로 구성돼 새로운 놀이를 하기에 좋다. 세라팡은 자기가 만든 멋진 작품들로 엄마와 함께 자신의 방을 꾸몄다.

그의 방은 레드와 터키블루를 주요 테마색으로 하고 있는데 이 색상도 세라팡이 직접 선택했다. 특히 터키블루 벽은 세라팡이 엄마와 함께 직접 페인트칠해 아이 스스로 자기 방에 더 애착을 느끼는 것 같다.

세라팡과 함께 방을 꾸민 파니의 아이디어는 아이 방을 만들어주려는 부모라면 활용해보는 것도 좋다. 아이와 함께 벽 컬러, 가구, 데커레이션까지 마련한다면 자기 방에 대한 애착, 자긍심이 높아지지 않을까? 그리고 그렇게 만든 자기 방이기에 혼자 잠자기가 조금은 더 수월하지 않을까?

얼마 전 세라팡이 장난감 카탈로그를 보다가 갑자기 만들기 시작한 작품이라며 인형 하나를 보여주었다. 뿐만 아니라 세라팡은 건축가로 변신해 가위와 상자, 테이프로 만든 멋진 집을 보여주었는데 플라스틱으로 된 장난감 집보다 몇 배는 더 훌륭했다. 세라팡은 표현이 섬세하다. 각 방을 모티브별로 구분해 색종이를 잘라 붙여 꾸며주었는데, 카펫은 물론이고, 계단도 모두 다른 컬러로 칠했다. 거기에 예쁜 꽃이 핀 정원까지! 집을 하나하나 완성해가면서 열정적으로 집중했을 세라팡의 모습이 눈에 선했다. 세라팡이 완성 후에 느꼈을 성취감이 온 마음으로 느껴졌다.

엄마와 숲 속 길을 산책하던 세라팡은 크리스마스트리를 꾸미고 싶다며 바구니에 솔방울과 밤을 담아왔다. 집으로 돌

아오자 마자 엄마와 함께 솔방울을 물감으로 색칠했다. 자연 속에서 발견한 보물로 멋진 작품이 탄생했다. 세라팡은 자기의 아이디어를 실현하기 위해 숲 속에서 재료를 줍고, 물로 깨끗이 씻어 물감을 바르고, 또 그 물감이 마르기까지 기다리며 관찰했다. 이 과정에서 세라팡은 많은 것을 배울 수 있었다. 이렇게 만들어진 작품은 가게에서 손 쉽게 살 수 있는 오너먼트와는 비교할 수 없는 것이었다.

　　엄마 파니는 종종 세라팡과 함께 친구나 친척들에게 줄 선물을 직접 만들곤 한다. 세상에 하나뿐인 정성이 듬뿍 담긴 선물을 할 수 있기 때문이다. 친구, 친척들을 위한 선물을 직접 만들면서 창의적인 사고와 함께 선물의 가치를 느끼게 해주는 좋은 기회다.

　　세라팡 가족은 도심을 벗어나 살기 때문에 자연을 좀 더 가까이 접할 수 있다. 주말이면 종종 세라팡은 아빠와 마르케(Marque) 강가로 낚시를 가거나 좋은 공기를 마시기 위해 숲으로 향한다. 숲 속에서 자연을 관찰하고 계절의 변화를 느낀다. 어느 날은 아무것도 하지 않고 평화롭게 함께 있는 그 순간 자체를 즐기기도 한다.

　　사실 이 가족이 자연과 가깝게 사는 이유 중 하나는 채식주의자이기 때문이다. 그래서 집 근처 주말 농장에서 2년째 직접 농사를 짓고 있다. 아빠 기욤은 말한다.

"채소와 꽃들이 새로 피는 모습을 파니와 세라팡과 함께 볼 수 있어 기뻐요. 세라팡에게 자연의 리듬을 알려주고 농사를 짓고 수확하는 과정에서 기다림과 자연의 이치를 깨닫게 해줄 수 있죠."

직접 농사를 짓다 보니 항상 신선하고 좋은 채소를 먹는 식사 시간 또한 특별하다. 채소를 기르면서 세라팡은 재미있는 작업도 계속해나갔다. 엄마, 아빠와 함께 허수아비를 만들어 채소밭에 세워놓는 일이었다. 이 재미있는 허수아비를 보고 시에서는 허수아비 만들기 축제까지 기획했다. 세라팡 가족의 작지만 기발한 아이디어가 이웃들에게 큰 즐거움을 주는 축제로 발전하게 된 것이다.

세라팡은 유아학교를 가지 않는 수요일이면 외할머니 댁에서 시간을 보내곤 한다. 외할머니 역시 세라팡과 함께 창의적인 작품 만드는 일을 즐긴다. 이 가족은 엄마, 아빠, 외할머니까지 세라팡의 미술놀이에 적극 참여하고 있다. 세라팡은 외할머니와 함께 기사 가방과 종이 전등을 만들었고, 두 사람은 함께 만든 작품으로 작은 연극까지 선보였는데 스토리와 등장인물 모두 세라팡이 외할머니와 함께 직접 준비했다.

섬세하고 크리에이티브한 엄마와 외할머니를 보니 세라팡의 창의력 넘치는 작품들이 어떻게 나올 수 있었는지 충분히 이해가 되었다.

엄마 파니는 작은 작품을 만들고 그 열정을 아들 세라 팡과 나누기 위해 즉흥적으로 그 순간을 즐기며 세라팡의 아이디어를 실현해주기 위해 노력한다. 파니와 세라팡은 여러 아틀리에뿐만 아니라 박물관과 도서관의 프로그램에도 참여한다.

"아틀리에나 박물관의 다양한 프로그램을 통해 세라팡이 새로운 도구와 재료, 생각의 방식을 발견해 나가는 모습을 보면 뿌듯해요."

다양한 테마와 재료를 자연스럽게 접하며 아이 스스로 자신의 삶을 상상할 수 있는 힘을 기른다. 또한 프로그램에 참여함으로써 새로운 재료에 대한 거부감도 자연스럽게 사라지게 된다.

세라팡이 다니는 유아학교, 에콜 줄 페히 Ecole Jules Ferry 에서는 아이들이 모두 등교하기 전까지 친구들을 기다리며 그림을 그리는데 파니는 매일 아침 학교에서 세라팡이 그린 그림들을 모으는 중이다.

"어느 정도 그림이 모이면 세라팡만의 멋진 작품집을 만들어줄 계획이에요."

세라팡은 그림을 그리거나 만들기를 좋아하는 것만큼 파니에게 자신의 작품을 설명하는 시간을 즐긴다. 자신의 작품을 설명함과 동시에 학교에서 배운 것에 대해 또는 자신이 원하는 무언가에 대해 이야기를 나눈다.

　　세라팡 역시 다른 또래 남자아이들처럼 가끔 과격해지거나 엄마 말을 잘 듣지 않을 때가 있다. 그래서 아빠와 엄마는 1년 전에 엑스와 동그라미가 그려진 칠판을 마련했다. 세라팡이 말을 듣지 않거나 나쁜 짓을 하면 혼이 나는데 그러고 나면 세라팡은 냉장고에 붙어 있는 이 칠판에 엑스 표를 해야 한다. 엑스 표가 다섯 개가 되면 이틀 동안 텔레비전을 보지 못하고 게임을 할 수 없다. 이 방법은 엄마, 아빠와의 약속을 지키게 하기 위해 또 세라팡이 잘하고 잘못하는 것을 이해시키기 위해 생각해낸 것이다. 또 다른 칠판에는 세라팡에게 독립심, 책임

감을 키워주는 규칙이 있는데 스스로 엄마를 돕거나 자기 혼자 잠옷을 입거나 방을 정리하면 동그라미 한 개씩을 그린다. 총 다섯 개가 되면 세라팡은 작은 선물을 받는다.

아빠 기욤은 세라팡에게 자유롭게 드럼을 칠 수 있도록 하는데 이때가 세라팡이 가장 좋아하는 시간이다. 아빠의 영향 때문일까? 세라팡은 특히 음악에 많은 관심을 보여 음악 클래스에도 참여할 예정이다. 엄마, 아빠는 세라팡이 유쾌하고 명랑한 그리고 행복한 사람으로 자라길 바란다. 그래서 작은 행복을 느끼는 방법을 찾아주려고 노력한다.

"우리 엄마는 사랑스럽고 반짝반짝 빛나요."

세라팡은 새로운 단어를 만들어내기 좋아하듯 엄마, 아빠 사랑 속에서 새로운 세상을 만들어낼 것이다.

미술놀이로 서로 더 알아가기

올리비에 가족

　　프랑스인 아빠 올리비에Olivier와 한국인 엄마 윤경 씨, 열두 살 마테오Mateo, 열한 살 제레미Jeremy, 여섯 살 소피Sophie 가족은 파리에 살고 있다. 올리비에는 언론사에서, 윤경 씨는 파리 코트라KOTRA에서 일한다. 첫째 마테오는 College Pierre Alviset 4 grade로 중학교 3학년, 둘째 제레미는 College Henri Ⅳ 5 grade로 중학교 2학년, 막내 소피는 Ecole Sainte Genevieve CP grade로 초등학교 1학년이다.

파리에 산다는 것은 루브르 박물관, 오르세 미술관 등 세계적인 박물관과 미술관을 언제든 갈 수 있다는 어마어마한 장점을 갖는다. 게다가 파리는 도시 전체가 박물관이라고 불릴 만큼 멋진 도시이다.

그런 파리에 살고 있는 윤경 씨는 아이들과 프티 팔레 Petit Palais나 파리 식물원Jardin des Plantes 아틀리에에 참여한다. 9월에 새 학기가 시작되기 때문에 그전에 프로그램이 오픈된다. 아이와 함께 스케줄과 프로그램을 살펴보고 참석하는데 이런 프로그램들은 철저한 예약제로 진행된다. 만약 파리를 여행할 기회가 있다면 박물관, 미술관 웹사이트에서 미리 아틀리에를 예약하고 참여해보는 것도 좋다. 그러나 대부분 1년 동안 진행되는 아틀리에라서 참여가 어려울 수도 있다. 하지만 특정한 날에 특정 주제로 진행되는 경우도 있으니 프랑스 여행을 계획 중이라면 잘 살펴보고 참여해보는 것도 아이와 엄마 모두에게 좋은 경험이 될 것이다. 파리 여행 중 아이에게 멋진 아틀리에에서 작품을 만들어볼 경험을 갖게 해주는 것은 최고의 선물이 될 것이다.

프랑스 학교에서는 미술 활동이 아주 활발한 편이다. 중학교까지 일주일에 두 시간 이상 미술 시간이 진행된다. 학교에

서는 친구들과 함께 물감으로 그림을 그리거나 찰흙으로 모형을 만드는 공동 작업을 한다. 요즘은 아이들의 상상력을 자극하는 숙제 때문에 바쁜데, 아이들은 중세로 돌아가 자기 가문의 문장을 만들고 있다. 공간, 원근감 등을 표현하는 작품은 몇 개월에 걸쳐서 작업을 하기도 한다. 그래서 학부모들은 학교에서 진행되는 긴 프로젝트에 대해 공유하고 또 선생님을 도울 방법에 대해 이야기도 나눈다. 평소 학교에서의 미술 활동을 위해 달걀상자, 쓰고 남은 휴지통 등을 모아 학교에 보내기도 하는데 그들은 모두 이런 재료들이 아이들의 작품으로 어떻게 태어날지 몹시 기대하고, 궁금해한다. 프랑스 엄마들은 아이들의 공부나 진로, 성적에 대해서는 잘 이야기하지 않는다. 대신 학교의 교육 방식에 대해, 아이의 관심사에 대해 대화를 나눈다.

막내 소피는 집에서 주로 인물이나 주변 환경을 색연필과 펜을 이용해 그리며 시간을 보낸다. 집에서는 주로 옥시불 사이트www.oxybul.com/loisirs-creatifs에서 목욕제품 만들기, 비누 만들기, 그림자 인형 놀이 키트 등을 구입해 미술놀이를 한다. 가족들이 거실에 모여 다 같이 미술놀이를 할 때는 아이들이 굉장히 집중하기 때문에 집중력 향상에도 도움이 된다.

그리고 윤경 씨는 아이들과 오감 발달에 도움이 되는 활동, 특히 자연에서 하는 활동을 많이 한다. 숲이나 바다에 갔을 때 가져온 조개껍데기나 나뭇잎 등을 가지고 미술놀이를 하면,

당시의 좋은 기억도 떠올리고, 또 가져온 것들로 미술활동도 할 수 있어 일석이조다.

올리비에 가족은 주말이면 파리 시내에서 약 40분 정도 떨어진 할아버지, 할머니 댁에서 머물곤 한다. 여기서는 주로 따로 마련된 아틀리에에서 수채화나 유화를 그리는데 이때 할아버지, 할머니 모두 함께 참여하는 모습이 정말 보기 좋았다. 할아버지, 할머니까지 참여하는 미술놀이는 온 가족이 더 친밀해지는 아주 좋은 방법이기도 하다.

또 한 가지! 요즘 프랑스에서는 고무줄로 팔찌를 만드는 게 유행이다. 남녀 할 것 없이 모두 팔찌를 만드는 재미에 빠져 있다. 아이들은 자신이 만든 팔찌를 부모님과 할머니, 할아버지께 선물한다. 그래서 아이들만큼이나 어른들도 고무줄 팔찌를 많이 하고 다닌다. 덕분에 할머니, 할아버지, 엄마, 아빠도 팔찌를 여러 개 가지고 있다.

엄마 윤경 씨는 아이들이 학교 가기 전 짧은 시간에도 함께 책을 읽으며 아침을 시작한다. 그러나 스스로 말하길, 미술에는 소질이 없어 아이들의 미술놀이에 큰 도움이 되지 않는다고 한다. 그래서 미술놀이만큼은 아빠가 더 적극적으로 아이들과 함께한다. 주변을 둘러보면 한국 엄마들 중에는 윤경 씨처럼 미술에 소질이 없다고 느끼는 사람들이 대다수인데 왜일까? 아마 한국에서는 그림이나 작품을 성적으로 평가받아 왔기 때

문 아닐까? 또는 그림을 아주 잘 그려야 한다는 고정관념에 사로잡혀 있기 때문 아닐까?

사실 아이들과 함께하는 미술놀이는 엄마의 소질과는 전혀 상관없다. 그림이란 평생 자기만의 놀이가 될 수 있는 아주 좋은 취미다. 그러나 우리나라 사람들은 이런 놀이를 많이 놓치며 살아가고 있다. 또 많은 엄마들이 아이들과의 소중한 미술놀이 시간을 학원이나 선생님에게만 맡기고 한 발짝 뒤로 물러나 있다. 하지만 조금만 관심을 기울이면 부모와 아이 모두 만족할 수 있는 즐거운 놀이 시간이 될 수 있다. 그림을 통해 부모와 아이가 함께하는 시간을 가지면서 더욱더 친한 사이가 될 수 있다. 또 어려운 그림이나 잘 표현되지 않는 부분을 함께 고민하고 해결해 나가면서 서로를 더욱 의지하게 된다.

예술의 가장 기본적인 의미는 예술을 하는 그 순간 행복하다는 것과 자신의 내면을 표현하는 것이라고 한다. 아이와의 미술놀이를 통해 부모, 아이 모두 행복한 시간을 함께 보낼 수 있다. 아이가 표현하는 내면을 살펴보고 또 엄마의 내면을 아이와 나눌 수 있는 아주 소중한 시간인 것이다.

미술놀이를 통해 엄마와 아이는 서로 상호작용할 수 있다. 그러면서 애착 관계를 더욱 긴밀하게 만든다. 애착 관계는 아이가 사랑받고 있으며 혼자가 아니라는 믿음을 갖는 것으로 부모와의 애착 관계가 긴밀할수록 아이는 안정감을 느끼고 편안한 정서를 갖게 된다. 기본적으로 애착 관계가 잘 형성돼야 인지 발달에도 도움이 된다. 즉, 아이가 성장하고 발달하는 데 가장 기본적인 바탕이 되는 것이 애착 관계이고, 이 애착 관계는 놀이를 통해 형성될 수 있다. 미술놀이를 어렵게 생각하지 말고 엄마가 좋아하는, 또는 자신 있는 분야를 아이와 함께해서 미술이라는 활동을 아이가 평생 자신을 표현하는 언어로서 즐길 수 있게 했으면 좋겠다.

Chapter 3

프랑스 가족들이 소개해준 함께하는 미술놀이

Activite a faire avec ses
enfants u la maison

우리 가족은 어떤 모습일까?

반질반질 조약돌 가족

강가나 숲 속에서 주워온 납작한 조약돌에 컬러 수성펜으로 자유로운 상상력을 담아 가족을 표현해보세요. 패브릭 주머니는 재봉틀을 이용하거나 손바느질로도 만들 수 있어요. 패브릭 주머니에 조약돌 가족을 담아봐요. 엄마, 아빠는 가족에 대한 아이의 생각을 엿보고, 아이는 가족의 소중함을 다시 한 번 느낄 거예요.

준 비 물

납작한 조약돌, 컬러 수성펜, 컬러 패브릭, 화이트 패브릭,
리본, 가위, 바늘, 실, 패브릭 마커

만드는 순서

1. 조약돌 위에 가족의 얼굴과 몸을 그려요. 만약 팔, 다리, 발 등 몸 전체를 그리고 싶다면 사람 모습을 완성할 수 있는 얇고 길쭉한 조약돌이 좋아요.

2. 주머니를 만들 컬러 패브릭은 15x25cm의 직사각형 모양으로 잘라요. 이름표를 만들 화이트 패브릭은 10x10cm로 잘라줘요. 화이트 패브릭에는 패브릭 마커로 이름을 적어요.

3. 직사각형으로 자른 컬러 패브릭 위에 이름을 적을 화이트 패브릭을 손바느질이나 재봉틀을 이용해 붙여요.

4. 컬러 패브릭을 겉변끼리 맞대고 윗부분을 제외하고 바느질해요.

5. 주머니 윗부분을 2cm씩 두 번 접고 작은 단을 남기며 바느질해요.

6. 주머니를 뒤집어 위에 생긴 단에 리본을 연결한 핀을 넣고 밀어 주머니 손잡이를 만들어요.

따뜻한 패브릭으로 마음을 전해요

설렘 가득 생일 초대장

패브릭으로 엽서봉투를 만들어 생일 초대장을 담아보세요. 엽서봉투에 우표를 붙이고 아이와 함께 우체국에 가서 생일 초대장을 친구에게 보내요. 초대 손님을 위한 서프라이즈예요~ 소중한 사람을 위해 무언가를 준비하는 기쁨도 알려주고, 아이의 친구들 이야기도 살짝 들어보세요.

준 비 물

엽서봉투, 컬러 패브릭, 화이트 패브릭, 실, 바늘, 종이,
엽서, 우표, 목공풀, 가위, 펜, 시침핀

만 드 는 순 서

1. 엽서봉투를 조심스럽게 뜯어 사방으로 펼쳐요.
2. 컬러 패브릭 위에 엽서봉투를 완전히 펼쳐놓고, 시침핀으로 고정한 후 엽서봉투의 모양을 따라 똑같이 잘라요.
3. 컬러 패브릭 위에 주소를 적을 직사각형의 화이트 패브릭을 시침핀으로 고정한 후 손바느질해요.
4. 우표 붙일 자리에 작은 직사각형으로 자른 화이트 패브릭을 바느질해요.
5. 엽서봉투와 똑같이 자른 컬러 패브릭의 가장자리를 색실로 바느질해요.
6. 초대 손님의 주소를 볼펜으로 적어요.
7. 엽서에 초대 메시지를 적어요.
8. 패브릭 엽서봉투를 목공풀로 붙여 닫아주세요. 바를 때는 하얗지만 마르면 투명해져요.
9. 작은 직사각형 화이트 패브릭 위에 우표를 목공풀로 붙이고 설레는 마음으로 우체통에 넣어요.

너는 나에게 정말 특별해

하나뿐인 초상화

사용하던 액자와 신문지, 색종이로 꾸밀 사진을 준비해 소중한 사람을 위한 특별한 콜라주를 만들어봐요. 액자에는 유리가 없어도 괜찮아요. 세상에 하나뿐인 초상화를 받는 사람은 더없이 행복할 거예요. 아이가 직접 누구를 위해 만들지 정하도록 해주세요.

=== 준 비 물 ===

오래된 액자, 선물 주고 싶은 사람의 인물 사진 1장,
신문지, 색종이, 풀, 가위, 골판지

만드는 순서

1. 사진에서 얼굴 부분만 잘라요.
2. 손으로 신문지를 잘게 찢어요.
   (종이를 찢는 활동은 아이들의 소근육 발달에 도움이 돼요.)
3. 배경으로 쓰일 골판지에 잘게 찢은 신문지 조각을 풀로 붙여요.
4. 원하는 위치에 얼굴 사진을 붙여요.
5. 색종이를 옷 모양으로 잘라 원하는 위치에 배치해요.
6. 배시한 구도가 마음에 들면 풀로 붙어요.
7. 이제 액자에 끼우면 완성!

손꼽아 기다리며 만들어요

반짝반짝 크리스마스 달력

프랑스에서는 12월 1일부터 크리스마스를 기대해요. 아이와 함께 1일부터 24일까지 적힌 달력을 준비해 매일 하나씩 숫자를 열어보며 기다리죠. 그리고 엄마는 매일 작은 선물을 준비해요. 그래서 작은 선물을 담을 수 있는 패브릭 주머니, 상자 또는 서랍 모양의 달력을 만들게 되었답니다.

각각의 작은 꾸러미에 집어넣을 깜짝 선물 24개를 정해보아요. 사탕, 인형, 구슬, 진주알, 초콜릿, 회전목마 타기 쿠폰, 엄마랑 산책하기 쿠폰 등 평소 아이가 좋아하는 물건이나 소망을 글로 담아 넣어보세요.

=== 준 비 물 ===

옷걸이, 하얀 크리스마스 장식 줄, 크리스마스 장식 볼,
컬러 패브릭, 두꺼운 종이, 스티커, 색깔 끈, 리본, 수성펜,
마스킹테이프, 풀, 가위, 사탕통 패턴

만드는 순서

1. 각 모서리를 마스킹테이프로 붙인 작은 종이 봉투 8개를 만들어요.

2. 사탕통 패턴을 이용해 종이로 사탕통 8개를 만들어요.

3. 패브릭 주머니 8개를 만들어요.

4. 각 꾸러미에 스티커를 붙여요. 그리고 1부터 24까지 번호를 적어요.

5. 각 꾸러미에 아이 몰래 작은 깜짝 선물을 넣어요.

6. 옷걸이 전세를 징식 줄로 빙빙 둘리며 감아요.

7. 옷걸이에 각 꾸러미를 각기 다른 높이로 간격을 두어 매달아요.

8. 크리스마스 장식 볼도 몇 개 달아요.

귀여운 친구들 모두 모여봐

손가락 마리오네트

아이랑 즉석에서 이야기를 만들어 인형극을 해보세요. 천 조각과 리본, 단추에 실과 바늘, 익살스럽고 특별한 상상력만 있으면 손가락 인형 만드는 건 문제없어요. 작은 조각에 이것저것 마음껏 붙여가며 아이의 상상력을 키워주세요.

준비물

컬러 패브릭, 펠트, 단추, 리본, 실, 바늘, 가위

만드는 순서

1. 어떤 마리오네트(손가락인형)를 만들지 상상하며 간단히 스케치해요.

2. 스케치한 대로 마리오네트를 패브릭에 그리고 잘라요.
   (인형의 앞뒷면이 필요하므로 똑같이 두 장을 잘라요.)

3. 컬러 패브릭과 단추를 고르고, 머리카락을 표현할 리본과 귀 모양을 만들 펠트를 골라요. 그리고 인형의 앞면을 재미있게 꾸며요.

4. 인형 앞면에 위에서 정한 모든 것을 손바느질로 붙여요.

5. 마리오네트 아랫부분은 손가락을 집어넣을 수 있는 구멍을 남기고, 앞면과 뒷면은 손바느질 또는 재봉틀을 사용해 붙여요.

6. 마리오네트를 손가락에 끼우고 아이와 함께 재미있는 인형극 놀이를 해요.

소중한 순간을 담아요

알록달록 종이 액자

아이와 함께 찍은 소중한 사진을 담을 예쁜 액자를 만들어봐요. 이보다 더 간단할 순 없어요. 두꺼운 도화지에 아이들이 마음대로 색칠을 하면 멋진 패턴의 액자를 만들 수 있답니다. 아이가 직접 만든 액자에 소중한 순간을 담은 사진을 끼워 집 안에 장식해주세요. 아이의 자신감이 쑥쑥 자랄 거예요.

===== 준비물 =====

두꺼운 도화지, 사진 1장, 물감, 붓,
커터칼, 연필, 풀, 자

만드는 순서

1. 두꺼운 도화지는 접어서 세울 수 있게 사진에 맞춰 두 배 크기로 준비해요.

2. 뚫을 부분은 사진보다 조금 작게 자를 대고 연필로 그려요.

3. 그린 선을 따라 커터칼로 깔끔하게 잘라요.

4. 두꺼운 도화지가 잘 접힐 수 있도록 접히는 부위를 커터칼로 가볍게 그어 자국을 내요. (칼등을 이용해도 좋아요.)

5. 아이들이 액자의 겉과 안을 손가락이나 붓을 이용해 원하는 컬러로 칠하도록 해요. (2~4가지 컬러를 사용하면 좋아요.)

6. 예쁘게 칠한 액자를 잘 말려요.

7. 사진을 흰 종이에 붙여요. 이때 흰 종이는 두꺼운 도화지의 사각형으로 자른 부분보다 큰 종이여야 해요.

8. 사진을 붙인 흰 종이를 액자 안쪽에 풀로 잘 붙여요.

따로 또 같이 만들어요

마법 그림

가족이나 친구들과 함께 재미있는 그림 그리기를 해봐요. 예상하지 못했던 주인공이 탄생할 거예요. 한 가지 컬러를 사용하면 더 멋진 그림을 만들 수 있어요. 각자의 그림이지만 함께 완성해 나가는 작업을 통해 다양성도 알고, 또 그 다양성이 얼마나 훌륭한 그림으로 어우러질 수 있는지도 자연스럽게 배울 수 있어요. ※ 2~4명이 함께해요.

준비물

A4 용지, 연필 또는 수성펜, 볼펜

만드는 순서 (4인 기준)

1. A4 용지를 똑같은 간격으로 4등분해 접어요.
2. 첫 번째 사람이 맨 위 칸에 머리를 그려요. 이때 다른 사람은 보지 않아야 해요. 이 규칙은 꼭 지켜주세요. 그리고 두 번째 사람이 머리와 몸의 윗부분을 맞춰 그릴 수 있게 다음 칸에 약간 표시해두는 걸 잊지 마세요.
3. 두 번째 사람은 세 번째 사람이 보지 않게 신경 쓰면서 몸의 윗부분을 그려요.
4. 세 번째 사람이 몸의 아랫부분을 그려요.
5. 마지막 사람이 다리 부분을 그려요.
6. 마지막 사람이 그리고 나서 다 같이 펼쳐보면 재미있는 그림에 모두 까르르 웃음이 나요.

감사와 사랑을 담아요

컬러풀 열쇠고리

엄마, 아빠, 할머니, 할아버지를 위해 작은 선물을 만들어봐요. 금속고리, 리본, 구슬로 만든 열쇠고리로 감사의 마음을 전해요. 하트 모양으로 자른 예쁜 도화지에 전하고 싶은 소중한 메시지도 담아보세요.

준 비 물

열쇠고리 링, 리본, 나무 또는 플라스틱 구슬,
실, 두꺼운 도화지, 가위, 색연필 또는 펜

만드는 순서

1. 리본을 고르고 원하는 길이로 잘라요.
2. 열쇠고리 링에 리본을 매듭지어 묶어요.
3. 실에 나무 또는 플라스틱 구슬을 꿰어요.
4. 두꺼운 도화지를 하트 모양으로 잘라요.
5. 하트 모양 도화지를 그림이나 글씨로 꾸며요.
6. 하트에 구멍을 뚫어 얇은 리본을 묶고, 열쇠고리 링에 걸어요.

우리 집에 멋진 작품을 전시해요

빈티지 프레임 아트

버려지는 나무판과 못을 이용해 멋진 빈티지 프레임을 만들어봐요. 작은 프레임을 3~4개 만들어 함께 배치하면 집 안을 꾸며주는 멋진 소품 역할을 톡톡히 해내요. 각 프레임에 동일한 컬러톤과 모티브를 활용하면 공간의 통일감을 주기에 좋아요. 단, 아이와 함께 못과 망치를 사용할 때는 주의해야 해요.

준비물

나무 판, 못(오래되고 녹슨 못이면 더 좋아요),
털실 뭉치, 목공풀, 아크릴 물감, 붓, 망치

만드는 순서

1. 첫 번째 나무판: 아크릴 물감으로 바탕을 색칠하고 털실을 목공풀로 붙여 꾸며요.

2. 두 번째 나무판: 여러 개의 못을 박고 그 못을 털실로 감아 형태를 만들어요.

3. 세 번째 나무판: 아크릴 물감으로 나무판에 그림 또는 패턴을 그려요. 아크릴 물감의 텍스처가 잘 표현되도록 물을 섞지 않고 사용해요.

나도 엄마처럼 예뻐질래요

꼬마 숙녀 클러치백

우리 꼬마 숙녀들도 엄마처럼 작은 클러치백을 갖고 싶어 해요. 엄마와 함께 패브릭, 단추, 리본을 고르고 손수 가방을 만들어요. 직접 만들어 더욱 소중한 가방이 될 거예요. 외출할 때 필요한 물건을 담아 가지고 다닐 수 있어 실용적이에요.

준비물

두 가지 컬러의 털 패브릭, 컬러 패브릭,
리본, 단추, 실, 바늘, 가위

만드는 순서

1. 원하는 가방의 크기를 정해 털 패브릭을 직사각형 모양으로 두 개 잘라요. 하나는 클러치의 앞면용, 다른 하나는 주머니용이에요.

2. 주머니용 털 패브릭의 겉면에 단추를 달아요.

3. 클러치 뚜껑이 될 컬러 패브릭은 클러치용 털 패브릭보다 크게(클러치의 뚜껑 부분을 생각해 세로가 길게) 직사각형 모양으로 잘라요.

4. 클러치용 털 패브릭 위쪽에 컬러 패브릭을 바느질해 붙여요.

5. 단춧구멍이 될 리본을 컬러 패브릭 가운데에 자리 잡아 두 가닥으로 접어 바느질해요.

6. 주머니 위쪽에 리본을 바느질해 고정시켜요.

7. 클러치의 뚜껑을 제외한 삼면을 바느질해 클러치의 앞면과 뒷면을 붙여요.

8. 손잡이가 될 리본을 두 가닥으로 맞접어 바느질해요.

패션 디자이너가 되어볼까?

상큼한 과일 스탬프 티셔츠

여름에 입을 상큼한 컬러의 티셔츠를 만들어봐요. 아이와 엄마의 개성을 담아 유니크한 커플 룩으로 활용할 수 있어요. 주변에서 흔히 볼 수 있는 과일과 채소들이 얼마나 예쁜 모양을 가졌는지 알게 되면서 모든 사물이 새롭게 보일 거예요.

준 비 물

여러 과일과 채소, 패브릭 물감,
화이트 무지 티셔츠, 붓

만드는 순서

1. 과일과 채소를 골라 매끄럽고 깔끔하게 반으로 잘라요.

2. 접시 위에 물감을 짜고 과일과 채소 자른 면에 붓으로 물감을 발라요. 과일을 스탬프처럼 찍어야 하니 물감을 얇게 고루 바르는 것이 좋아요.

3. 티셔츠의 원하는 위치에 과일을 놓고 꾹 눌러 과일 모양을 찍어요.

4. 아이들이 원하는 곳에 과일 프린트를 꾸미며 즐기도록 해요.

5. 다 꾸민 뒤에는 그대로 티셔츠를 잘 말려요.

6. 패브릭 물감 브랜드에 따라 다양한 사용법이 있으니 각 사용법에 따라 패브릭 물감이 잘 마르도록 도와주세요.

7. 완성된 옷을 입고 아이와 함께 패션쇼를 해보세요! 아이의 자존감이 쑥쑥 자랍니다.

오븐에 넣으면 작아져요

신기한 플라스틱 장식품

오븐과 플라스틱을 활용해 작은 장식품을 만들어보세요. 뜨거운 열에 의해 플라스틱이 줄어드는 모습을 보며 아이들은 신기해할 거예요. 우리나라에서는 인터넷에서 '슈링클스'를 검색하면 구입할 수 있어요.

준비물

플라스틱 딩그 1봉지, 색연필, 가위,
오븐, 구멍 뚫는 펀치

만드는 순서

1. 플라스틱 딩그는 구우면 크기가 엄청나게 줄어들어요. 그림을 그리기 전 아이에게 그림을 크게 그리도록 해주세요.
2. 만약 아이가 열쇠고리나 가방 등에 매달 작은 장식품을 만들고 싶어 하면 펀치나 두꺼운 바늘로 구멍을 내요.
3. 아이가 그린 그림대로 잘라요.
4. 설명서에 유의하며 오븐에 구워주세요. 굉장히 짧은 시간에 구워지니 주의하세요.
5. 실이나 리본을 더 달아 장식해요.

내 맘대로 만들어요

오밀조밀 밀가루 장난감

장난감 가게에서 파는 장난감은 이제 그만! 모양도 컬러도 마음대로 아이만의 장난감을 함께 만들어요. 삐뚤빼뚤, 울퉁불퉁해도 괜찮아요. 밀가루를 뭉치고 주물러 만드는 다양한 모양들이 아이의 창의력과 사고력을 키워줄 거예요. 또한 밀가루를 반죽하고 굳히고 색칠하는 긴 과정 속에서 기다림을 배울 수 있어요.

준비물

밀가루 2컵, 가는 소금 1컵, 미지근한 물 1컵, 물감, 붓

만드는 순서

1. 밀가루와 소금을 샐러드볼이나 큰 그릇에 넣어요. 숟가락을 사용하거나 손으로 골고루 섞어요.
2. 물을 부어 손으로 반죽해요. 손에 잘 붙지 않고, 부드러울 정도로 반죽해야 해요. 가루가 보이거나 자갈처럼 갈라지면 물을 조금 더 넣고, 반대로 너무 묽거나 질어 손에 달라붙으면 밀가루를 조금 더 넣어요. 밀가루나 물을 더할 때는 언제나 반죽을 살펴가며 조금씩 넣어야 해요.
3. 밀가루 반죽으로 여러 가지 모양의 장난감을 만들어요.
4. 여러 모양의 밀가루 반죽을 110도 정도로 예열된 오븐에 넣고 구워요. 크기나 두께에 따라 굽는 시간이 달라요. 크고 두꺼울수록 굽는 시간이 길어져요.
5. 밀가루 반죽이 딱딱하게 구워지면 오븐에서 꺼내요.
6. 구워진 밀가루 반죽에 아크릴 물감이나 수채화 물감으로 색칠을 해요.
7. 물감이 다 마를 때까지 기다려요.

프랑스의 미술교육을 체험할 수 있는 파리의 아틀리에
Lieux ateliers pour enfants à Paris

아르데코 미술관과 아틀리에 카루셀
Musée des Arts Décoratifs et les ateliers du carrousel

파리1구에 위치한 아르데코 미술관은 일년 내내 진행되는 아틀리에와 방학 동안의 특별 아틀리에를 포함해 전시와 연계된 클래스를 제공합니다. 4~8세 아이들이 참여할 수 있는 클래스가 진행되는데, 뜨개질, 보석 세공술, 콜라주 등 여러 분야의 창의적인 테크닉을 접할 수 있습니다. 단순한 데생과 페인팅소묘와 채색화에서 벗어나 여러 재료를 다뤄볼 수 있으며, 다양한 수공예법을 배울 수 있는 클래스들로 구성되어 있습니다. www.lesartsdecoratifs.fr

104 라 메종 데 프티
la Maison des petits au 104

라 메종 데 프티어린이들의 집는 신생아부터 5세까지의 아이들과 부모님을 위한 아티스틱한 장소입니다. 성카트르숫자 104를 뜻함. 파리의 아트적 전시공간에 위치하고 있으며, 아이들과 그들의 가족들에게 생동감 있는 클래스를 제공합니다. 성카르트에서는 45분의 특정 시간 동안 책, 술래 정하기 놀이, 노래로 구성된 클래스 등이 있습니다. 아이들에게 조용하게 또는 리듬을 타며 자유롭게 내면을 표현하게 합니다. www.104.fr

루브르 박물관
le Musée du Louvre

루브르의 아틀리에에서는 박물관의 모든 컬렉션을 관람하며 미술 테크닉을 배울 수 있습니다. 특히 작품을 잘 이해하기 위해, 직접 아티스트의 도움을 받아 미술 작품에 사용되는 테크닉을 실험해볼 수 있습니다. 박물관 안에서의 작품 관람과 정해진 아틀리에 안에서의 아트 실습을 번갈아합니다. 루브르 아틀리에의 교수법은 꽤 클래식하지만, 프로그램 사제는 이 미스터리한 박물관의 작품만큼이나 풍부하고 다양합니다. www.louvre.fr/ateliers

팔레 드 도쿄*
le Palais de Tokyo

팔레 드 도쿄는 젊은 층의 입장에서 모험적이고 재미있는 액티비티를 제공합니다. 아이들에게 현대 미술에 대해 접근시키기 위해 리틀팔레는 콘서트나 미술 강의실로 완전히 바뀝니다. 평범함에서 벗어나 아티스틱

한 모험을 떠나죠. 톡톡Tok-Tok이라고 불리는 액티비티는 전시공간에서 이루어지는데, 최대한 작품과 가깝게, 아이 고유의 자질에 맞게 그리고 나이에 맞게 기획되었습니다. 또한 예술작품의 '내면'을 이해하게 하고, 관찰력 · 창의력 · 자율성을 발전시키는 데 도움이 되도록 구성되어 큰 사랑을 받고 있습니다. www.palaisdetokyo.com/fr/little-palais

퐁피두 센터*
le Centre Pompidou

퐁피두 센터의 '아이들을 위한 아틀리에'는 30년 이상 진행되어 왔습니다. 6~12세 또는 아주 어린 아이들이 예술적 감수성을 키울 수 있도록 구성되었습니다. 놀이 형식의 아틀리에는 놀이규칙에 따라 발견과 실험을 유도합니다. 이를 통해 아이들에게 세상을 이해하는 시각과 감각의 자유로움을 개발시키게 되죠. 또 현대미술에 접근하기 위해 아이들의 상상력을 확장시킵니다. www.centrepompidou.fr/cpv

케 브랑리(민속 박물관)*와 아틀리에
Les Aventuriers du musée du Quai Branly

케 브랑리의 액티비티는 가족들을 위한 모든 액티비티로 구성되어 있습니다. 가이드와 함께 또는 가족과 함께하는 아틀리에, 아이들만의 아틀리에에도 있죠. 이곳에서는 아프리카, 아시아, 오세아니아, 아메리

카 등 다양한 문화와의 만남을 가질 수 있습니다. www.quaibranly.fr

르 자르뎅 다클리마타시옹
le Jardin d'Acclimatation

이곳은 파리에서 가장 오래된 놀이공원에 위치해 있습니다. 아이들을 위한 다양한 아틀리에도 마련되어 있는데 원데이로 아틀리에에 참여할 수도 있습니다. 아틀리에 중 하나인 페인팅 아틀리에는 한 예술가에 의해 진행되며, 아이들이 테마에 따라 컬러, 형태, 재료와 친숙해지도록 해줍니다. 입장료와 한 개의 아틀리에에 참여하는 데 22유로 정도로, 가격도 저렴한 편입니다. www.jardindacclimatation.fr

허브 박물관
Musée en Herbe

파리 1구에 위치한 허브 박물관의 데생과 페인팅 아틀리에는 특별히 아이들을 위해 고안되었습니다. 이곳에서는 어린아이들이 여러 다른 종류의 데생과 페인팅 테크닉을 시도할 수 있도록 하며, 연령대별로 2~4세, 5~12세까지의 아틀리에가 마련되어 있습니다. www.musee-en-herbe.com

* 사이트 내 영문 서비스 제공

에필로그

　'창의적'이란 단어를 사전에서 찾아보니 '창의성을 띠거나 가진, 또는 그런 것'이라고 나온다. 그래서 이번에는 '창의성'을 찾아보았다. '새롭고 독창적이고 유용한 것을 만들어내는 능력', '전통적인 사고방식에서 벗어나 새로운 관계를 창출하거나 비일상적인 아이디어를 산출하는 능력' 등 다양한 개념이 등장한다. 또 여러 사고 유형의 하나로 간주되기도 하고 모든 사고 유형이 총체적으로 결합되어 나타나는 가장 고차원적인 사고 능력이라고도 한다.
　그런 창의력을 키워주기 위해 가장 많이 선택하는 것이 미술활동이다. 미술활동의 가장 중요한 목적은 내면을 표현하면서 자기에게 확신을 갖고 또 그 과정 속에서 겪는 어려움을 스스로 해결해나가는 기회를 갖는 것이다. 이런 기회를 통해 자기 스스로 해결방법을 찾게 되고 이 해결방법을 찾는 자세는 미술활동에서뿐만 아니라 일상생활 속에서도 나타나게 된다. 그렇기 때문에 단순한 미술활동이 아닌 삶에 대한 자세를 습득하게 되는 것이다.
　사람은 본능적으로 자기와 내면을 표현하고 싶어 한다.

그렇기 때문에 미술이라는 언어를 통해 자기를 표현하며 만족하고 행복감을 느낀다. 어려운 일, 힘든 일이 있을 때 자기의 행복감과 만족감을 찾을 수 있는 활동을 하며 에너지를 얻고 어려움을 이겨낸다.

하지만 우리나라 미술은 아직도 학교에서 좋은 점수를 받기 위해서이거나 타고난 사람들의 특별한 전공과목이라고 생각한다. 이 책을 통해 미술이 학교 교육의 일부가 아닌, 아이가 살아가는 방식을 스스로 배우는 과정임을 알게 되었길 바란다.

프랑스 아이는 말보다 그림을 먼저 배운다

초판 1쇄 인쇄 2015년 4월 23일
초판 5쇄 발행 2021년 8월 27일

지은이 | 신유미·시도니 벤칙
발행인 | 윤호권·박헌용
본부장 | 김경섭

발행처 | ㈜시공사
출판등록 | 1989년 5월 10일(제3-248호)
브랜드 | 지식너머

주소 | 서울특별시 성동구 상원1길 22, 7층 (우편번호 04779)
전화 | 편집 (02) 3487-1151·마케팅 (02) 2046-2800
팩스 | 편집·마케팅 (02) 585-1755
홈페이지 | www.sigongsa.com

ISBN 978-89-527-7345-6 13590

이 책의 내용을 무단 복제하는 것은 저작권법에 의해 금지되어 있습니다.
파본이나 잘못된 책은 구입하신 곳에서 교환해드립니다.